篠藤ゆり

ルポ シニア婚活

GS 幻冬舎新書 562

まえがき

「シニア婚活」という言葉を聞いて、あなたはどんな印象を持つだろうか。

ポジティブに受け取る人からは、「人生１００年時代なのだから、何歳になっても幸福を追うのはいいことだ」「晩年を１人で孤独に暮らすより、伴侶がいたほうが人生豊かになる」といった言葉が聞こえてくる。

逆に好印象を持たない人は、その理由として「〝後妻業〟の女に引っかかるのではないか」「いい歳をしてそんなにガツガツしなくても」といったことをあげる。

現実には、シニアになってから新しいパートナーを探す人、また、実際にパートナーと新生活を始める人が増えている。

人口動態統計によると、65歳以上で結婚する人は、２０００年には７８００人だったのが２０１５年には１万４５００人と、ほぼ倍に増えている。統計の対象は法的に婚姻届を出したカップルに限られているので、事実婚も含めると、さらに増えていることが予想できる。

なぜ、人生の後半期になって新たに結婚する人が増えているのか。端的に言えば、それだけ長生きするようになった、ということだろう。加えて離婚率も上がっているため、死別・離別を含め、単身シングルの人口は増加している。

実際に取材を始めてみると、婚活に前向きなシニア層がこれほどいるのかと驚いた。シニア層に特化した結婚相談所を利用して、月に何名もの相手と積極的にお見合いをする人。婚活パーティで出会った人とデートを重ね、交際が実らなかったら次のお相手を求めて再びチャレンジする人。ひとことでいうと、「めげない」人が多いのだ。

若い人たちの婚活も扱っている結婚相談所や結婚情報サービスの担い手に話をうかがっても、シニア層のほうが若い人たちよりも積極的で前向きだし、〝肉食〟だという話をよく聞く。なかには90歳を超えてなお、結婚相談所に登録して婚活をする人もいる。

本文中で詳しく紹介するが、70代で出会った女性と一緒に、毎週、老人施設にいる101歳になる母を見舞う男性もいれば、どうしても実子がほしいからと、婚活の末30歳下の外国人女性と結婚した資産家シニアもいる。

62歳の女性と結婚した74歳の男性は、ウェディングドレス姿で結婚写真を撮りたいという妻の希望を受け入れ、写真スタジオでの撮影に臨んだ。また80歳の女性が、72歳の男性と新生活を始めたケースもあった。

シニア婚には、結婚してそうたたないうちに相手が亡くなってしまうリスクもある。婚活をへて67歳で結婚したものの、妻が入籍後すぐに病気で亡くなってしまい、婚活に再チャレンジして70歳を過ぎて新たな伴侶を得た人の思いもうかがった。そうしたさまざまなエピソードを、皆さん、はにかみながら、ときにしんみりしながら、しかし実に幸せそうに語ってくれたのが印象的だった。

一方、子どもの立場に立つと、必ずしもシニア世代の親の結婚を歓迎しているとは限らない。将来的な相続の点で不安になる人もいれば、感情的に受け入れられない場合もある。そんな子ども側の率直な声もうかがった。

本書では、シニア世代の婚活とはどのようなものか、そして、パートナーを得たことで人生はどう変わったか。実際に婚活を実らせた方々の〝その後〟も追い、シニア婚活の実態を探っている。また、シニア婚活にはどのような方法があるのか、成功させるポイント、トラブルを避けるには何に注意すればいいのかなど、実際にシニア婚活を視野に入れている人たちにとって役に立つ情報もお届けしたい。

おおむね男女どちらかが60歳以上の方の婚活を「シニア婚活」とここでは位置づけているが、それより若い方の例も登場する。

取材中、75歳になる男性の「この歳での婚活は、終活でもある気がします」という言葉に胸を衝《つ》かれた。

人生の終着点が現実味をおびてくると、残りの人生をどうすべきか、人は大なり小なり思い惑《まど》う。老いや孤独への不安もあるし、多くの人が、残された時間をできるだけ幸せに送りたいと願うだろう。そんなとき、選択肢のひとつとして浮上してくるのが「婚活」だ。

これは、人生の最後の時間を、より豊かで幸せなものにしようと奮闘する人々の記録である。

ルポ　シニア婚活／目次

第3章 長引く婚活の理由 87

第4章 子どもがほしいシニア男性たち 121

第6章　トラブルを避けるために　177

DTP・図版　美創

＊本書に登場する婚活中の方、成婚した方、そのご家族の方の名前はすべて仮名です。年齢は取材当時のものです。インタビュー中に登場する地名は個人が特定されないよう、一部変更しています。

第1章 真剣勝負のシニア婚活パーティ

婚活成功者のトークイベント

横浜駅から徒歩数分。瀟洒《しょうしゃ》なビルの12階に、中高年専門の結婚相談所・茜会のサロンがある。窓からは横浜の町が見渡せ、おしゃれなカフェかラウンジのような明るい雰囲気だ。横浜にサロンがオープンしたのは2015年。茜会としては新宿、大阪に次いで3ヶ所目のサロンとなる。

2018年10月、茜会の横浜サロン3周年記念パーティの一環として、最近成婚した人たちによるトークイベントが開催された。この日、〝先輩たち〟の成功例を聞こうとサロンに集まった会員は約70人。4組の婚活成功カップルが登場すると、皆「ひとことも聞き洩《も》らしてなるものか」といった雰囲気で身を乗り出し、会場は熱気に包まれた。

最初に登場した熊谷夫妻は、夫の直哉さん62歳、妻の則子さんは57歳。直哉さんは黒い僧衣姿だ。直哉さんは入会して2ヶ月目、則子さんは9ヶ月目にサロンでのパーティで出会い、交際を実らせて結婚した。

パーティの場では、連絡先の交換はしなかったというお2人。パーティが終わって家路につく途中、偶然に横浜駅で会い、どちらからともなく「これも何かの縁だからお茶でも飲みましょう」ということになった。

サラリーマンをしつつ、曹洞宗の僧として出家を目指して修行中だという直哉さんの話を聞き、則子さんはびっくりした。というのも、則子さんはちょうど曹洞宗の開祖・道元禅師の本を読んでいるところで、その日もバッグの中に本が入っていたからだ。

2人とも再婚願望はなく、恋人としてつきあえるパートナーとの出会いを期待して入会。パーティの席ではお互い印象に残ったわけではなかったが、共通の話題があることから話が盛り上がり、3日後に直哉さんが則子さんに電話をかけて交際が始まった。

ところがつきあい始めて間もなく、則子さんが病気で入院するという思いがけない事態が起きた。交際を続けるのは難しいと判断した直哉さんは、電話やメールで伝えるのは失礼だと思い、病院にお見舞いに行った。ところがベッドでニコニコして直哉さんの訪問を喜んでいる則子さんを見ているうちに、当初の考えはすーっと消え、直感的に「この人と結婚しよう」と思ったという。

もしあのとき、駅でばったり会わなかったら。もしお茶に誘わなかったら。もし出家したいと言わなかったら。もし道元の本を読んでいなかったら……。どれひとつ欠けても、結婚には至らなかったかもしれない。

「これがご縁というものだと思います。ご縁は大事にしなければと思いました」と直哉さんは言う。「人間、面と向かって話してみないことには、人となりがわかりません。だから躊躇《ちゅうちょ》せず、積極的に話す機会をつくることが、婚活では大切だと思います」と、婚活中の人たちにメッセージを送った。

則子さんは、「私は結婚を意識せず、出会いがあればいいなと思って入会しました。まさか結婚までできるとは思ってもいませんでした」と語る。

直哉さんは現在、月曜日から金曜日まではサラリーマンとして仕事をし、週末は曹洞宗の僧侶としての活動を行っている。婚活パーティでの出会いは仏さまが取り持った縁だと、2人は感じている。

毎晩のLINEで距離を縮めた70代&60代カップル

次の登壇者、岡本夫妻は、夫の茂雄さんが74歳、妻の真知子さんが62歳。茂雄さんは希望条件に合う方を毎月2名紹介してもらえるコース、真知子さんはパーティコースで入会し、出会って半年で入籍した。

最初に茂雄さんからお見合いを申し込んだが、真知子さんは彼の写真を見せられたとき、老けた印象が気になり、お見合いを断ろうとした。でも初めて申し込みを受けたので、「経験しておくと今後のプラスになるかも」と思い直し、とりあえず会うことに決めた。真知子さんは離婚経験があり、息子がいるが、息子には以前から「新しい人を見つけて結婚する」と宣言し、了解も得ていた。

お見合いの場では、お互い家族構成や趣味などについて話し、温泉めぐりやカラオケなど共通の趣味があることが判明。その後、茂雄さんの積極的なアプローチで、交際が始まった。

「毎日LINEが来たので、だんだん心が動かされました」と真知子さん。一方の茂雄さんは、「夜、おやすみなさいのLINEを送ってくれるのが、うれしかった。妻と死別してから1人でいたので、ずっと寂しかったし、その心遣いにぐっときました」。

このまま順調に交際が進むかと思われていたが、2ヶ月後、真知子さんは茂雄さんに

「あなたには、もっとふさわしい方がいると思います」というお別れのＬＩＮＥを送る。そのときの気持ちを、真知子さんはこう語る。

「パーティには1回参加しただけ、お見合いも1回だけでしたので、もうちょっと婚活してみようかと思ったのです」

真知子さんを諦めようと、ほかの人とお見合いしてみたものの、やはり真知子さんのことが忘れられなかった茂雄さん。ある日、たまたま真知子さんの仕事場であるデパートの近くまで行く用事があったので、デパートに寄って遠くから真知子さんの姿をこっそり眺めてみた。とはいえ、見つかったらストーカーと思われるのではないかと、内心ヒヤヒヤ。ところがその夜、真知子さんから「今日、お見かけしましたよ」とＬＩＮＥが来て、意外にもそこから交際が復活した。

男性から熱い思いを寄せられるなんて、何十年ぶりだろうか。最初に写真を見たときは失礼にも〝おじいさん〟と見えた茂雄さんが、まるで青年のような情熱を持った男性に見えてきた。この人なら、一生私を大事にしてくれるかもしれない。真知子さんはだんだん、そう考えるようになった。

茂雄さんには息子と娘がおり、最初は再婚に反対していたが、まずは食事会を開いて真知子さんと会ってもらうことにした。

「その席でうちの子どもたちは、『こんな親父ですが最後までよろしくお願いします』と言ってくれた。そういう手順を踏んでから、彼女のご両親に挨拶に行きました。70過ぎの男がいきなり義理の息子になるなんて、反対されるかと思ったけれど、お義母さんから『よろしくお願いします』と言われて、うれしかったですね」

真知子さんは当初、一緒に住んでみて大丈夫だったら入籍したいと考えていた。夫婦としてやっていけるかどうか、自信がなかったからだ。一方、茂雄さんは、入籍するのが男の責任だと考えた。

「籍を入れるというのは、一生面倒をみるという誓いでもあり、けじめでもありますから」

その真摯な思いに心を動かされ、真知子さんも法律婚を決意する。結婚にあたっては、ウェディングドレスを着たいという真知子さんの希望を叶え、2人で横浜元町の写真スタジオで結婚写真を撮影した。今は月に1回は真知子さんのご両親を招待し、一緒に温泉旅行に出かけている。

このご夫妻の場合、茂雄さんの情熱勝ち、といったところだろうか。出会いはお見合いでも、そこから恋愛が始まり、どうしてもこの人と一緒にいたいという気持ちが抑えられなくなったのだろう。「恋愛に年齢は関係ない」と言葉では聞くが、まさにその通りなのかもしれない。

若い人となんら変わりなく、むしろ今どきの若い人よりも行動的に恋の道に突き進んだ茂雄さん。「私にはすでに親がいないので、今、彼女の両親に親孝行をさせてもらっています」という言葉が印象的だった。

高齢者の自立生活には「結婚が必要」

「人生100年時代」。ここ数年、あちこちでその言葉が使われるようになった。政府は2017年に「人生100年時代構想会議」なるものを立ち上げ、100年生きることを想定した政策のグランドデザインに取り組んでいる。

この会議では、幼児教育、高等教育、大学改革など、各世代に対する今後の取り組みを提示しており、高齢者に関しては主に雇用促進に関する提言が行われている。身も蓋もない言い方をすると、年金だけでは高齢者の生活をまかなえないので、働けるだけ働いてください、ということだろう。実際、多くの人が老後の心配として第一にあげているのが、老後の資金問題だ。

では、それ以外のシニアの心配事として、どんなことがあげられるか。上位にあがるのは、「いつまで健康でいられるか」「なるべく健康な状態で歳を重ねるにはどうしたらいいか」など、高齢になってからの健康問題だ。

また、「高齢期の自立生活に必要な備えとは？」というアンケートに対して、男性の65%、女性の35・6%が、「結婚している。世話をする配偶者がいること」に「そう思う」「ややそう思う」と回答している（特定非営利活動法人「老いの工学研究所」の調査より）。このアンケート結果からは、男性は身の回りのことを自分でする自信がなく、配偶者の存在を切実に望んでいることがうかがえる。

いずれにせよ多くの人が望んでいるのは、「幸せな老後を過ごすこと」だろう。何をもって幸福と感じるかは、もちろん人それぞれ違うはずだ。だが、年齢が高くなればなるほど、「孤独」か「孤独ではない」かは、幸福感に大きく影響するように思う。

統計上は65歳以上が高齢者となる。100歳まで生きるとすると、残り35年というのは、決して短い時間ではない。その間、1人で生きていくのは寂しいし、不安も大きいのではないだろうか。

ここで、「孤独」に関してちょっと気になる数字がある。その前提として、少々煩雑になるが、まずは65歳以上の人の家族形態に関する統計を見ておきたい。

2017年現在、65歳以上の人口は3515万人で、総人口の約28%を占めている。つまり実に日本人の4人に1人以上が、高齢者ということになる。男女別に見ると、男性は1526万人、女性は1989万人だ（内閣府「平成30年版高齢社会白書」）。

このうち、単独生活者はどのくらいいるのだろう。

2017年の調査によると、65歳以上の人がいる世帯のうち単独世帯は男性で204・6万世帯、女性で422・8万世帯（厚生労働省「平成29年国民生活基礎調査」）。2001年時点では男性単独世帯は72・8万世帯、女性は245・1万世帯だったので、16年間で高齢単身者の絶対数が倍増していることがわかる。

総人口に占める65歳以上の人口の割合

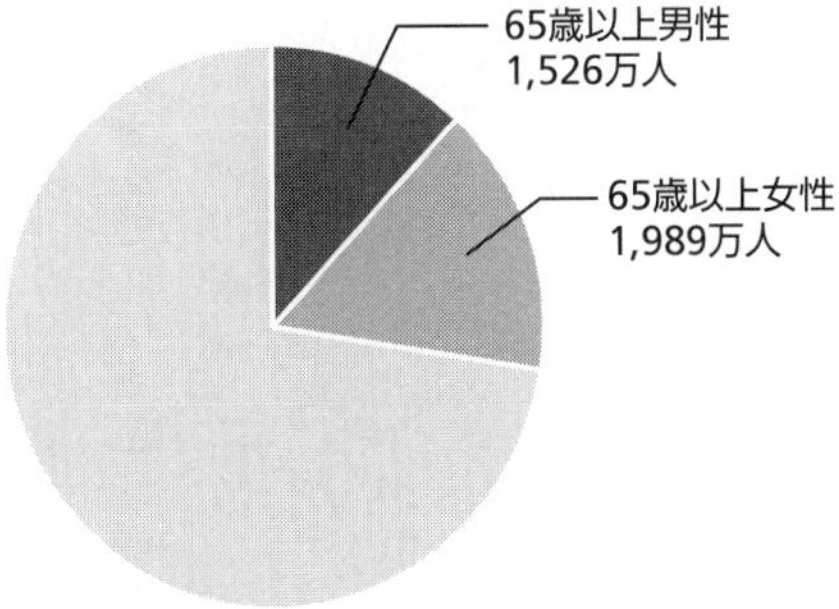

2017年現在、65歳以上の人口は3,515万人、
総人口の27.7%を占める

（内閣府「平成30年版高齢社会白書」よりグラフ化）

65歳以上の単独生活者

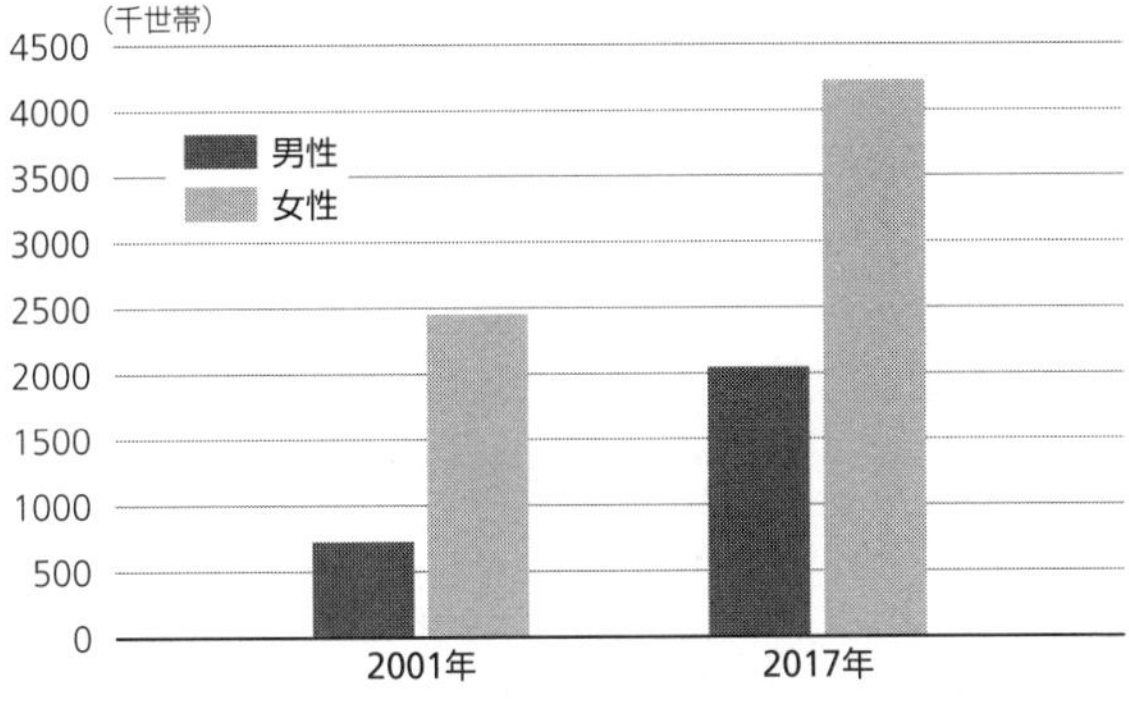

2001年～2017年の16年間で高齢単身者は倍増している

（厚生労働省「平成29年国民生活基礎調査」よりグラフ化）

独居シニア男性の5人に1人が「2週間誰とも会話していない」

シニア世代に1人暮らしが増えている一番の理由としてあげられるのは、長生きする人が増えた、ということだろう。とくに女性の平均寿命は男性より長いため、配偶者と死別した後の人生がかなり長いケースもある。加えて子ども世帯と同居しない人も増えているので、その分、単身世帯が多くなる。

熟年離婚の増加も、単身世帯が増えている理由のひとつだ。結婚期間が20年を超えてから別れる熟年離婚の件数は、1985年に比べて2017年時点で約2倍に増加し、以降ほぼ横ばい状態だ（厚生労働省「平成29年人口動態調査」）。熟年離婚が増えたのは、離婚への心理的ハードルが低くなったことに加え、2007年より年金分割制度が始まったことも理由と考えられる。

さて、ここからが「気になる数字」だ。

国立社会保障・人口問題研究所が2017年に実施した「生活と支え合いに関する調査」では、単独世帯の人は他人と毎日会話する人の割合が低いことが判明した。なかでも単独高齢男性の会話頻度はかなり低く、「誰かと会話するのは2週間に1回以下」の人が15％もいる。

一方シニア女性は、単独世帯でも、「毎日会話する人」と「2～3日に1回会話する人」を合わせると87・2％。「2週間に1回以下」の人は5・4％となっている。

2週間に1度、人と話すかどうか。独居シニア男性の5人に1人は、そんな生活をしているのだ。なかにはことさら孤独を好む人もいるかもしれないが、多くの人は、やむをえずそういう状況になっているのだろう。

女性は男性に比べて友人・知人をつくるのが得意だし、高齢になってもランチをしながらお喋りに花を咲かせたり、ボランティア活動に参加したりするなど、人とコミュニケーションをとる機会も多い。しかし妻と死別・離別した男性や生涯独身者の男性の老後は、統計から見ると寂しい限りだ。

年齢が高くなり、健康に不安を感じるようになったら、なおさら1人暮らしの孤独が身に染みる。もしかして孤独死するのではないかという恐怖も、年齢とともに増していくに違いない。

男性は寂しさ、女性は経済的不安が動機

もちろん女性側も孤独を感じることがある。たとえば、離婚してシングルマザーとして必死で子育てをしてきて、ようやく子どもたちが独立したとき。やっと肩の荷が下りたとほっとする半面、寂しさも感じるだろう。これからは自分のために生きたいし、誰かそばに寄り添ってくれる人がいたらいいのに——そう思うのは自然なことだ。

だが、シニア女性の婚活理由としてもっとも大きいものは経済的不安である。高齢単身女性の相対的貧困率は、近年若干の低下傾向が見られるものの、2012年時点で45％が相対的貧困にあるとされている（阿部彩［2015］「貧困率の長期的動向：国民生活基礎調査1985～2012を用いて」貧困統計ホームページ）。

夫と死別して遺族年金を給付されている人や、正社員として働き続けてきた人をのぞくと、高齢単身女性は一般的に、経済的不安を抱えている人が少なくない。

中高年向きの結婚相談を行っている民間福祉団体・太陽の会の本部会長斎藤尚正さんによると、男性会員は前のパートナーと死別した人と離別した人が半々くらいだが、女性の場合は、死別した人は3割程度。圧倒的に離別の人が多いという。

「女性の場合、最近は経済的な理由で入会する人が増えています。以前はそれほどでもなかったので、それだけ離婚が増えた、ということでしょう。若いうちは働けても、60歳を過ぎると、働ける場所も減ってくる。寂しいからというより、経済的な不安を解消したいというのが第一の目的で入会するわけです。

一方、前の配偶者と死別した人に関しては、男女でかなり意識の差があります。女性は、持ち家や遺族年金があれば、生活はそれなりに安定しています。寂しい気持ちはあるけれど、友人や子ども、孫などと楽しい時間を持てる人は、旦那さんの思い出があれば、生きていけるんですね。ところが妻と死別した男性は、寂しくて耐えられないという人がけっこう多い。だから妻の一周忌前に入会する人も、少なくありません。なかには初七日が終わらないうちに相談に来る人もいます」

初七日が終わらないうちに婚活を始めるというのはさすがに少数派と思われるが、妻と死別した男性は寂しさに耐えられないうえ、家事をしてくれる人がいないと不便なのだろう。夫が先に亡くなると女性はその後イキイキとするけれど、妻に先立たれると夫は病気になりやすいとよく聞くが、どうやら男性のほうが孤独に弱いようだ。

中高年に特化した婚活情報サービス

とはいえシニアになると、自然な出会いから結婚へと進むのはそうそう簡単なことではない。たとえば趣味のサークルやボランティアの会で「結婚相手を探している」という空気感を出していたら、まわりの人から引かれかねない。場合によっては、「ナンパ目的」などと非難され、退会を促されることもある。また、効率よく何人もの人と出会うことができないため、いたずらに時間だけたってしまい、どんどん年齢が高くなっていく。そうなれば、ますます結婚が遠のきかねない。

昔から知っていた人が離婚したり、配偶者と死別してシングルになったりしたのをきっかけに、交際するようになって結婚したという話もときどき聞く。だがそれは、たまたま知り合いがシングルアゲインになったという偶然があったからであって、そういう境遇の人が必ずしも身近にいるとは限らない。

そこへいくと、結婚相談所や婚活パーティなどの婚活情報サービスは、同じ目的を持って集まっている人の場だから話が早い。最近はシニア層に特化したサービスを行うところも増えており、利用する人は増加している。

一般的な婚活方法としてよく知られているのは、シニア向けの結婚相談所に入会し、お見合いをする方法だ。料金設定やシステムは相談所によってそれぞれ異なり、サービスの内容も違う。

「入会金と月会費が必要で、お見合い1回につき決まった額のお見合い料が発生するが、成婚の際に相談所に払う成婚料はゼロ」のところもあれば、「入会金はゼロだが成婚料が発生」するところもある。また、「入会金、成婚料両方かかる」ところもある。

1年で結婚に至ると仮定した場合、結婚相談所に支払う年間の活動費は、成婚料も含めて15万〜40万円くらいが一般的だ。

ひとつの相談所内でも、標準コース、よりきめ細かいサービスをするコースなど、料金設定の異なる複数のコースを設けているところもある。たとえば「大人の結婚相談所」を謳《うた》っているM's ブライダルでは、スタンダードコース、エグゼクティブコース、プレミアコースなどが用意されている。

エグゼクティブコースの場合、入会金20万円、月会費1万円、お見合い1回につき5000円、成婚料は30万円。会員検索システムで24時間、パソコンやスマホから会員のプロフィールを検索できる。ただし写真は相手の承諾があるまで、見ることはできない。お見合い相手は月3名まで紹介してもらえる。

一方、プレミアコースは入会金35万円、月会費1万円、お見合い1回につき5000円、成婚料は10万円。このコースでは会員自身によるネット検索は行わず、専任カウンセラーがきめ細かく対応し、仲人方式で候補者を毎月6名紹介してもらえる。どのコースも入会期間は1年だが、1年を超えても成婚しなかった場合、月会費を払えば活動を継続できる。

M's ブライダル代表取締役CEOの宮崎央至《ひろし》さんによると、会員のうち最高齢は、男性が86歳、女性は85歳だという。

「86歳の男性は、事業をされており、今も現役でお仕事をなさっています。前の奥様とは別居が長かったのですが、なかなか籍が抜けず、やっと離婚が成立したので再婚相手を探していらっしゃいます。85歳の女性は以前、百貨店で販売員などをなさっていた方で、今まで結婚経験はありません。一度は結婚したいということで、82歳で入会されました。その方は同じ世代の方何人かとお見合いをされましたが、まだご結婚には至っておりません」

93歳男性、89歳女性の会員も

結婚相談所に入会すると、どのぐらいの人数から相手を選ぶことができるのだろうか。

結婚相談所には、自社会員どうしの紹介に限っているところもあれば、全国の相談所とデータを共有し、より広い層から紹介業務を行っているところもある。

たとえばシニア向けの結婚相談所アイシニアでは、提携している結婚相談所との共有会員を含めて、50歳以上の会員数は目下約1万9000人。10年前の会員数は約4700人だったというから、10年で4倍以上増えていることになる。

もちろん成婚した人はどんどん抜けていくわけだから、それを上回る数の入会があるということだ。ちなみにアイシニアでは、成婚までの平均期間は約1年。平均すると、10名くらいとお見合いをして成婚に至る人が多い。会員の最高年齢は男性が93歳で、女性は89歳だという。

7対7の真剣勝負

最近は婚活パーティ、婚活バスツアーなど、イベント形式の婚活も人気がある。1対1のお見合いより心理的なハードルが低く、複数の人と一度に会えるという利点もある。いわゆるお見合い中心の結婚相談所でも、パーティやイベントを開催していて、お見合いとイベントの両方向からアプローチできるシステムのところが増えている。

婚活に励むシニアたちは、人生後半の伴侶に何を求めているのか。数字からは見えないそれぞれの気持ちを探るべく、シニア向けの婚活パーティを取材した。

会場はこの章の初めでも登場した茜会の横浜サロンで、この日のパーティの対象年齢は男性が65〜76歳、女性は年齢制限なし。男性女性、それぞれ7人が参加している。時間は途中休憩を入れて90分だ。

私は参加者の邪魔にならないよう、会場の隅でパーティの様子を見学させていただいた。まずは主催者が挨拶をし、14名が簡単に自己紹介するところからパーティはスタートした。女性は一見すると50〜60代が中心で、美魔女系の人もいれば、キャリアウーマン風、清楚な感じの人など、雰囲気こそ違うが、皆さんそれぞれ都会風だ。一方男性は、いわゆるロマンスグレーの紳士もいるが、地方在住のおじいさん、といった感じの人もいる。

パーティは、女性が定位置に座り、対面して座る男性は時間が来ると隣へと移動する方法で進んでいく。1人の相手と話す時間は約8分。会話が盛り上がり、可能性がありそうだと思えば、その場で連絡先を書いたカードを渡してもかまわない。また、パーティ終了後、連絡先を交換したい方を3名まで書き込めるマッチングカードをスタッフに渡すこともできる。パーティ中に連絡先交換を言いだす勇気のない人や、全員と話をしてから考えたい人には、ありがたいシステムだ。

マッチングした場合は、後日茜会を通じてお互いの連絡先が知らされる。それから先のおつきあいは本人たち次第となり、結婚に至っても成婚料は発生しない。いい年の大人なのだから、交際は自己責任で、というのが茜会の方針なのだろう。

場所を改めて、この人ともう1回ゆっくり話してみたいと思えるかどうか。8分で判断しなくてはいけないのだから、集中力も直感力も必要だ。また、初対面の人と8分間会話を途切れさせないためには、それなりにコミュニケーション能力も求められる。

見ていると、どのテーブルもけっこう話が弾んでいるようで、笑い声が聞こえてくる。何度かパーティに参加している人もいるそうで、ある程度、皆さん慣れているのかもしれない。

シニア一筋60年の茜会

茜会の創業は1960年。戦後15年たち、「中高年化している戦争未亡人に救いの手を」、という思いから創業者が活動を始めたという。特徴は創業以来60年近く、中高年に特化した結婚情報サービスを展開している点だ。現在、新宿、横浜のサロンのほか、大阪にも支店があり、パンフレットの表紙には「中高年の結婚情報　これからが、第2、第3の適齢期」と書かれている。

入会にあたっては、本人確認書類、独身であることが証明できる公的な証明書、学歴証明書、男性の場合は収入を証明できる書類を提出しなくてはいけない。独身証明書は本籍地の自治体で入手するのが原則だが、本籍地から離れた場所に住んでいる場合は、必要書類等を添えて郵送で請求することも可能だ。独身証明書を申請するための書類は、各自治体のホームページからダウンロードできる。

入会後は毎月決まった人数のお見合い相手候補が紹介されるコース、茜会が主催するパーティやイベントに参加するコースなど、要望や予算に合わせていくつかのコースから選ぶことができる。なかには月に10名、年間で120名が紹介されるコースもある。

パーティは男女それぞれ10人くらいを定員とする小規模なものが、横浜と新宿と合わせて月20回ほど開催される。それぞれ対象年齢があり、50代を対象にしたものもあれば、男性72歳以上という回もある。また、パートナーと死別した男女に特化したパーティも開催されている。これとは別に、ランチ会、映画鑑賞会、ゴルフ、セミナー、100名くらいの大規模パーティなどのイベントも随時開催されている。

現在、会員数は約4000人。男性会員のうち60代と70代を合わせると53%、女性は50代が40%、60代と70代を合わせると42%となっている。ちなみに最高齢の会員は、男性88歳、女性84歳だという。

もともとは、アドバイザーが仲介して1対1で会ういわゆるお見合い形式が主体だったが、この10年はサロンパーティの人気が高い。お見合いだと、最初に条件ありきになるため、対象者をはじいたり、はじかれたりしてしまう。また、紹介される人数は1ヶ月に何人と決まっているので、申し込んだ相手がお見合いを受けてくれない場合、その月は空振りということになりかねない。そのためなかなかお見合いに辿りつけないまま、時間だけがたっていくケースも考えられる。

一方サロンパーティだと、まずは気軽に会って、相手の印象や価値観などを知ることができる。お見合いだったら条件に合致していないが、パーティで会ってみたら気の合う人だった、ということもある。ちなみにお見合いコースを選んだ人もサロンパーティに申し込むことができる。

娘に内緒で婚活中の72歳男性

サロンパーティの途中休憩中に、参加者の1人、南方靖男さんが話を聞かせてくれた。60代半ばくらいかと思って年齢をうかがうと、なんと72歳。筋肉が引き締まり、浅黒い顔はつやつやしており、実年齢よりかなり若く見える。聞けば毎日ランニングを欠かさないという。

「私は自分の人生に、三大誤算がありました。ひとつは、女房が早く亡くなったこと。20年くらい前に、胃がんで亡くしました。もうひとつは、親が長生きしたこと。両親とも、100歳近くまで生きました。3つ目は、今年45歳になる娘がまだ結婚していないこと。ですから妻が亡くなった後、ずっと親と娘と一緒に暮らしてきたわけです」

親も娘も同居している状態ではなかなか再婚に向けて積極的に活動しにくかった、と語る南方さんが茜会に入会したのは1年前。年齢的に、パートナーと出会えるのは今が最後のチャンスだと思ったからだ。ではこの1年の間に、これという出会いはなかったのだろうか。

「デートした相手もいます。でも、年齢がかなり離れていたので、ちょっと自信がなくて諦めました。自分と20歳違ったら、相手は50代でしょう。今の50代といえば、まだまだこの先、いろいろな人生の可能性がある。でも自分はもう72歳ですから、あと10年生きられるかどうか。いつまで健康でいられるかもわかりません。だから相手にちょっと悪いかな、という気持ちになったんです」

茜会に登録していることを、娘には知らせていないという。なぜかと聞いたら、「『今さらなんで？　お父さん、頭がおかしくなったんじゃない』と言われかねないからね」。娘に隠してまで、なぜパーティに参加しているのか。さらに聞くと、こんな答えが返ってきた。

「やっぱり年齢がいっても、こういうところに出てきて相手を探そうという人は、男も女も元気です。女性も皆さん、おしゃれをしていますし。そういうエネルギーを、生きがいにしてもいいと思うんです。相手が見つかればラッキーだし、たとえ見つからなかったとしても、家に閉じこもっているよりは、外に出て人に接しているほうがイキイキしていられる。それが生きがいになるから、それでいいんじゃないかな。

もちろん、いい出会いがあればいいな、という気持ちはありますよ。もしそういう人と出会えたら、何かあったら助けてあげたい。こちらも、何かあったら助けてもらいたいし」

ただ南方さんは、必ずしも法律的な結婚を望んでいるわけではないという。

「最初は法律的な結婚を望んで入会しましたが、現実は難しい。我々の年代は、いろいろしがらみがありますから。子どもがいれば、誰か女性と一緒になって籍を入れると言ったら、子どもが反対するに違いない。相手にも、子どもがいる場合が多いでしょう。ですから、籍を入れないけれどお互いに人間としての信頼関係があって、何か困ったときには助け合っていこうよ、と。そういう関係が理想じゃないかと思っています」

この日集まった14人を始め、会員は皆、真剣に新たな出会いを望んでいる。茜会のアドバイザーで広報責任者でもある立松清江さんが会員向けに書いた文章「中高年の婚活を成就させるためには」では、このように書かれている。

〈まずは、相手に求めすぎないこと！　男性は若くてきれいな女性を、とか、女性も経済的なことを含めいろいろと相手にご希望はあるでしょうが、お互いに若いときとは違い、いろいろとしがらみもあるでしょう。あまりたくさんの希望条件を出されることで、出会いのチャンスはかなり狭まってしまうので、まずはお人柄重視ということでのご活動をお勧めします。お相手のマイナス面も含めて受け止められるかどうかが大切なポイントに〉

条件を多くしすぎないほうが成婚しやすいというのは、必ずしもシニア婚活に限ったことではなく、婚活全体に関して言えることかもしれない。比較的年齢が若い世代の婚活とシニア世代の婚活で違う点があるとすれば、南方さんの話からもわかるように、「いろいろとしがらみがある」という点だ。

第2章 多様化する婚活スタイル

ネット婚活が巷を席巻

結婚の形は、戦前から戦後しばらくまでは、お見合いや紹介、結婚相談所などを通して結婚相手を見つけるのが主流だった。全体の婚姻数のうち、恋愛結婚が占める割合がお見合い結婚を上回ったのは1960年代。それ以降、恋愛結婚の割合は増加の一途を辿り、2005〜2009年には恋愛結婚が88%に達した。一方、お見合いや結婚相談所を通しての結婚は、同期間を見ると5・3%に過ぎない。

ところが2010〜2014年では、恋愛結婚は87・7%とわずかに構成比が下がり、お見合い結婚は5・5%と増えている（国立社会保障・人口問題研究所「第15回出生動向基本調査」）。その次の5年の結果が待たれるところだが、30代、40代の人たちと話していると、「いまや婚活しないとなかなか結婚できない」という声もよく聞く。婚活サービスを利用することへの抵抗感がない人が増えているようだ。

その理由のひとつとして男性から聞こえてくるのが、「職場で下手にアプローチするとセクハラと思われる可能性があるので、女性との距離を縮められない」という声だ。

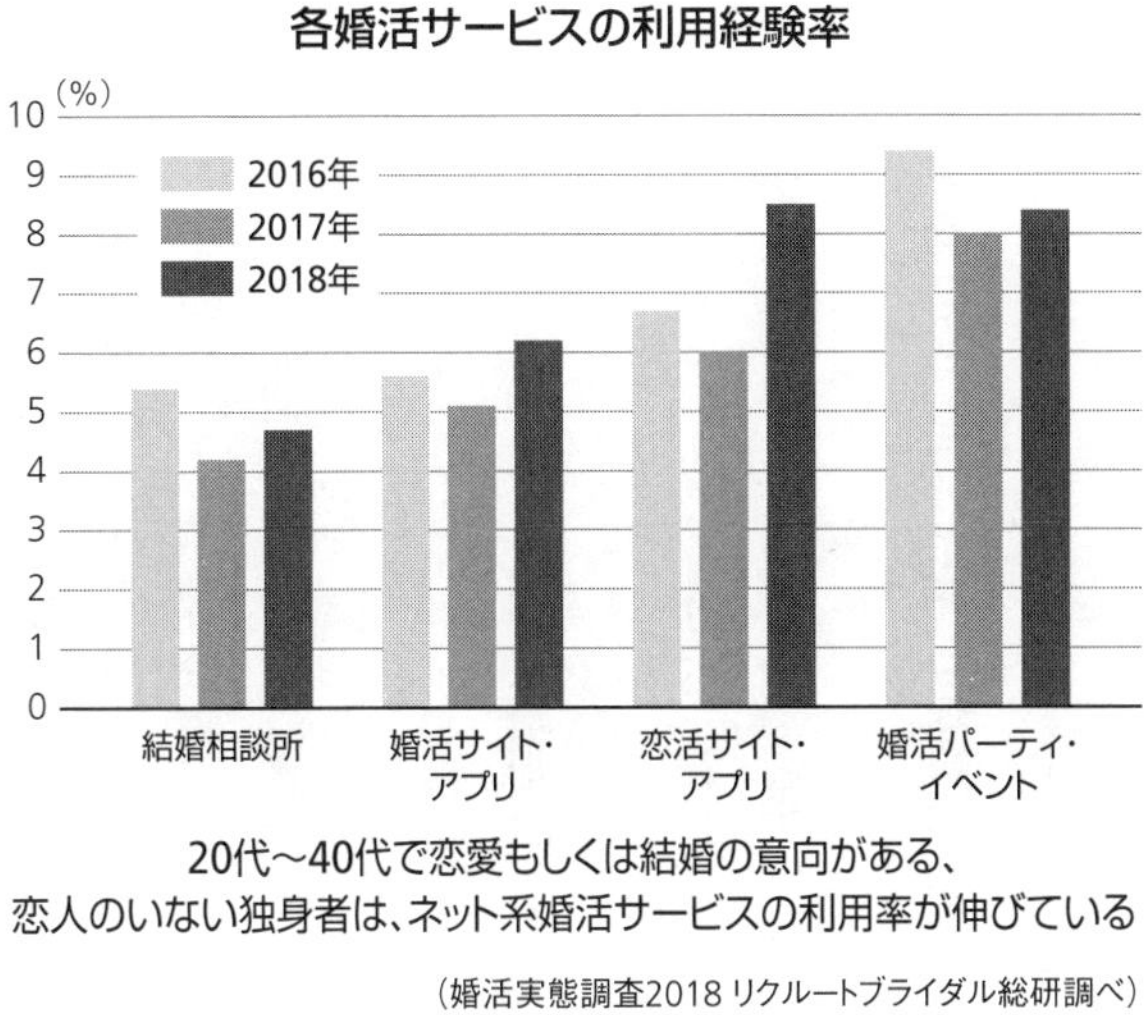

20代～40代で恋愛もしくは結婚の意向がある、
恋人のいない独身者は、ネット系婚活サービスの利用率が伸びている
(婚活実態調査2018 リクルートブライダル総研調べ)

逆に女性からは、「草食系男性が多いのでなかなか恋愛に持ち込めない」という話も聞く。

結婚に関するさまざまな調査を行っているリクルートブライダル総研が20～49歳の男女を対象に行った調査によると、２０１７年の婚姻者のうち、婚活サービスを通じて結婚した人の割合は10・４％。約１割の人が、なんらかの婚活サービスを利用し、結婚したことになる。最近はとくに婚活アプリなど、ネット系婚活サービスを通じて結婚する割合が増加しているという。

また恋愛もしくは結婚の意向がありつ

つ恋人のいない独身者のうち、結婚相談所の利用経験がある人は4・7%、婚活サイト・アプリの利用経験者は6・2%、恋活サイト・アプリ利用経験者は8・5%、婚活パーティやイベントに参加経験のある人は8・4%（婚活実態調査2018 リクルートブライダル総研調べ）。

恋活、婚活を合わせると、インターネットを利用して相手を探そうとした経験がある人は14・7%にのぼる。ネット婚活とパーティやイベント形式の婚活を合わせると、23・1%。20〜40代には、結婚相談所を通してのいわゆる1対1のお見合いは、あまり人気がないようだ。

ただしこれは、ネット社会に親和性がある世代に見られる傾向である。では、シニア世代の婚活におけるネット婚活の現状はどうなっているのだろうか。

シニア向けの婚活サイトも会員増加中

インターネットで調べると、中高年に特化した婚活サイトがいろいろと見つかる。そのひとつが、楽天オーネット スーペリアだ。

楽天オーネットは全国に支社を展開している業界大手の結婚相談所で、前身は1974年に開設された配偶者選択システム研究所である。2004年からはインターネットを利用して、求める条件によって検索ができるシステムを開始している。

シニア向けの楽天オーネット スーペリアがスタートしたのは2013年。パートナーを探す中高年が増えたことから、男性50歳以上、女性45歳以上に限定したサービスを始めた（2019年3月より、男性45歳以上に改訂）。会員数は2015年を100とすると、2017年は314％と、かなりの率で伸びている。会員の平均年齢は男性が61歳、女性が56歳。婚姻歴ありの人が7割を占め、会員数の内訳は女性のほうがやや多いという。

入会金は3万円で、月会費は1万円。成婚料はかからない。イベントやパーティ、お見合いなどは、別途料金がかかる。ちなみにイベント等の参加料は3000円から、アドバイザーが仲介するお見合いは1回につき5000円だ。

入会を断られるケースとは

入会するとインターネットを通じて、月に2通、紹介書が届く。紹介書には相手の名前と写真は入っておらず、簡単なプロフィール、自己紹介が記入されている。そのなかで気になる人がいたらネットを通じて申し込み、相手がＯＫすれば写真が表示される。すると2人の間に専用ページができ、テキストのやり取りができるようになる。

デートの約束などはインターネットを利用してそのページを通じて行い、どちらかが交際を断ると、専用ページは閉じられる。デートの際、話の流れで電話番号やＬＩＮＥを交換したとしても、専用ページを閉じた後はＬＩＮＥや電話のやり取りは一切禁止されており、違反すると厳重に注意され、それでも従わない場合は強制退会させられる。なお紹介書による仲介のほか、パーティやバーベキュー会、ウォーキングなどのイベントなど、直接出会える場も用意されている。

広報マネージャーの長岡正光さんによると、入会を受け付ける窓口はインターネットや電話だが、必ず支社に来てもらい、アドバイザーと面談をすることが入会の条件だという。支社は東京、名古屋、大阪の3ヶ所。関東、東海、関西を活動地域としている。

「面談をするのは、ご本人のご希望を正確にお聞きしたうえで、当社サービスを通じてそれが実現可能かどうかを、お客様にご判断いただくためです。また、経験豊富なアドバイザーとの面談を通じて、ご本人のご意向にそぐわない場合などはご入会をお断りする場合もございます。

そうでないと、料金をお支払いいただいても十分な活動ができないことになってしまい、お客様にご迷惑をかけてしまうことになります。そのあたりも、事前にしっかりと確認させていただいています」

入会登録する際には、契約者の氏名、住所、年齢が確認できる公的証明書、公的に独身を証明する書類、最終学歴を証明する書類が必要で、男性はこれに加えて源泉徴収票もしくは確定申告書、年金受給証明書（年金証書）など、収入や職業を証明する書類の提出が求められる。

面談の際には、入会希望の人から相手に望む条件を聞き出し、その条件にかなう会員がどのくらいいるかを目の前で提示する。もし対象者が10人くらいしかいなければ充分な活動ができないので、そのあたりを認識してもらうためにも、欠かせないプロセスだ。

「女性の方のなかには、お相手の男性は年収2000万円以上でなければダメだとか、医師限定、世田谷区在住の人に限るなど、希望条件の幅が狭い人もいます。その条件にかなう会員がほぼいないとお話しするのも、アドバイザーの大事な役目です。夢ばかり持って入会されて、あとでクレームを言ってこられても困りますので。それでも条件を変えることを受け入れていただけない場合は、やんわりと入会をお断りするケースもあります」

籍は入れたくない!? 婚活サイトの女性たち

未来への展望に関しては、男性と女性とは傾向が違う。男性は60歳になっても70歳になっても、パートナーが見つかったら結婚したいという願望があるのに対して、女性の場合、結婚はしたくないという人の割合が多い。

「女性が結婚を望まない理由は、とくに離別の場合、育児をし、夫の面倒をみてさんざん苦労してきたのに、同じような人生をまた繰り返したくない、ということです。入会時に、『夫にお仕えする人生はもうイヤだ』とおっしゃる方が多いですね。ただその後、お相手と出会って、考えが変わって入籍する方もかなりいらっしゃいます。一方男性は、何歳になっても、『面倒をみてくれる奥さんがほしい』とおっしゃる」

もちろん第1章で見たように、経済的な安定を目的に入籍を希望する女性は少なくない。ただ楽天オーネット スーペリアに関しては、毎回調査するたびに、前述のような結果が出ているという。インターネットを通しての活動というシステムのせいなのか、入会費などを含めて費用設定のせいなのか、理由はわからない。ただ会員特性を見ると、女性も高学歴の人が多いという。

断られるのもお互い様、落ち込む時間は無駄

入会者が最初に挫折しかけるのは、ネットを通じて申し込みをしたものの、相手に断られたときだ。やはり落ち込む人が多い。

「ですから入会時に、必ずこうアドバイスします。『お金を払ってパートナーを探し、結婚を本気で考えている人たちが集まっている場なので、あなたも遠慮なく断ってください。無駄な時間を過ごすことはありません。断られてもお互い様。そこで落ち込んで

いてはダメですよ』と」

ネットを通してだと断りやすいというのも、サイト婚活の特徴のひとつのようだ。2人の専用ページが立ち上がってからは、まずはネット上のやり取りが中心になるので、日ごろからネット環境に親しんでいる人にとっては活動がしやすいのだろう。逆にネットに親和性がない人にとっては、利用しにくいシステムかもしれない。

ただ、若い人を対象とした婚活サイトのサービスと違うのは、アドバイザーによる個別の相談やアドバイスも重視している点だ。

「50代、60代になれば当然、自分の財産、子どもの問題、親の介護などいろいろなものを背負っています。だから、なかなかすぐに結婚とはいかないケースもままあるのです。とくに子どもがいる方は、たとえお子さんが独立していても、子どもにどう話して納得してもらうかがポイントになります。

たいていの場合、子どもはすぐにはうんと言いません。男性側の子どもは、『ひょっとして財産目当ての女性ではないか』といった考えが頭をよぎる場合も多いようです。相続その他に関しては、『お2人がしっかり話すことが大事ですよ』とも助言しますし、子どもと話し合いの場を持つよう提案することもあります。ただし、あくまで出会いの場を提供するのが私どもの役割です。最終的にはお2人である程度時間をかけて、ひとつひとつ問題をクリアしていただくしかありません」

検索されるのをいやがるシニアのプライド

このように、シニア婚活の世界でもネット婚活が広まりつつあるようだ。ただシニア層に関して言えば、ネットでの検索、とくに「検索されること」に対して抵抗がある人とない人に大きく分かれる。そのため、たとえば第1章で紹介したM'sブライダルでは、検索可能なコースと検索を取り入れていないコースの両方をもうけている。

シニア層がネット検索についてどんな感覚を持っているのか、M'sブライダルの宮崎さんはこう説明する。

「今はインターネットの時代なので、やはり検索できたほうが便利だし、魅力的だと感じる人もいます。

ただ、自分でお相手を検索して見る分にはいいのですが、ひるがえって今度は自分もお相手側に検索されていると思うと、ちょっと抵抗感を抱く人もいるようです。ほかの女性、ほかの男性と比較されるのは、あまりいい気分ではありませんから。どうせいろいろな人とお見合いをして、自分はそのなかの1人でしかないんだと、ネガティブな気持ちになるのでしょう。

私どものところではお客様の年齢層が高いので、ネットでの検索が可能なコースではなく、昔ながらの仲人方式にこだわったコースを選ぶ方が7、8割です」

プライバシーの面からもプロフィールを公開したくないという人もいるし、経験のあるカウンセラーに任せて、「この人とこの人は合いそうだ」と判断してもらうほうが安心だという人もいる。どうやら新しいスタイルと従来のスタイルが共存しているのが、シニア婚活の現況のようだ。

地方での婚活を応援する太陽の会

結婚相談所や結婚情報サービスには、会社ごとにそれぞれカラーがある。たとえば茜会は、拠点が新宿や横浜ということもあり、入会者に都市生活者が多いように感じられた。それでも、見学したサロンパーティでは静岡県在住の男性など、首都圏以外の参加者もいた。まだまだ地方では、中高年に特化した結婚情報サービスが少ないからだろう。

そんななか、地方を拠点に多くの成婚実績を上げているのが、中高年向けの結婚相談を行う民間福祉団体・太陽の会だ。前身である団体は１９８１年にスタートし、今の形になったのは１９８９年。本部は宇都宮にあり、札幌、仙台、東京に支部がある。民間福祉団体という名称通り、営利団体ではなく、それぞれの支部の責任者がボランティアに近い形で会の運営を行っている。

支部によって入会金は違うが、福祉団体だけに安く、宇都宮の場合は男性１万円、女性３０００円。月会費は男性２５００円、女性１５００円で、成婚料は５万円となっている。入会時には現在独身であることを証明するもの、交際時点で家族の了解を得られることを明記した申込書、住民票などを提出する。

太陽の会本部会長で宇都宮代表の斎藤尚正さんがこの仕事を始めたのは１９９２年のこと。宇都宮に支部をつくらないかという話をもちかけられたことがきっかけだった。

「お話をいただいたときは、正直こういう活動にちょっと暗いイメージを持っていたので迷いました。当時は『老婚』などと呼ぶ人もいましたし、地方ではとくに、歳をとってからの結婚なんて堂々とはできない、といった風潮もあったのです。ですから、まずは現場を見せていただきたいとお願いして、東京や仙台で婚活の懇親会を見学しました。そうしたら参加者の皆さんは、すごく前向きで明るいんです。これならやっていけると思って、お引き受けしました」

約30年の間に世間のイメージも変わり、いまやシニア婚を前向きに捉える人が増えてきている。時代の変化に伴い会員数はどんどん増えていったが、ここ7、8年は、太陽の会宇都宮に関しては逆に減少の傾向にあるという。シニア婚活が一般的になるに従って参入する結婚相談所や結婚情報サービスが急激に増え、競争が激しくなってきたことが原因ではないかと考えられる。

今まで宇都宮の懇親会を通じて成婚したカップルは141組で、正式に結婚をしたのは7割。あとの3割のうち半分は、一緒に暮らしているけれど未入籍。残り半分は一緒に暮らさず、お互いの家を行ったり来たりという形をとっている。

「私としては、籍は入れなくても、せめて一緒に暮らしてほしいという願いがあります。

でもシニアの場合、子ども夫婦や孫と同居しているケースもあります。そこに新しい奥さんが来るというのは、現実問題として難しい。太陽の会では、そういう形を『別居伴侶』と呼んでいます」と斎藤さん。やはり地方でも、法律婚ではない形を取るカップルはそれなりにいるようだ。

「1人でご飯を食べるのは寂しい」

太陽の会ではお花見や紅葉狩り、バーベキューなどのバスツアーも行っているが、主な活動の場は月に1回開催される懇親会だ。そこで宇都宮での懇親会を見学することにした。

宇都宮駅前のシティホテルの小宴会場に到着すると、会場には丸テーブルが5つ置かれ、窓際にはバイキング形式で料理や飲み物が用意されている。この日の参加者は、男性10人、女性5人。当初は女性があと2人参加する予定だったが、気温が35℃になるという予報もあり、直前にキャンセルが出た。宇都宮は内陸地だけに、夏の暑さは半端ではない。年齢的なこともあり、酷暑のなか無理はしたくないという方が出るのも、致し方ないだろう。

懇親会は、丸テーブル1つにつき1人座っている女性は席を動かず、男性が2人ずつ各テーブルを移動する形で進められる。皆さんの迷惑にならないよう端のほうで見ていると申し出ると、斎藤会長は「一緒にテーブルに座って、皆さんにいろいろ聞いていただいても大丈夫ですよ」。確かにアットホームな雰囲気だし、どうやら参加者どうし顔見知りもいるようで、スタート前にすでに会話を交わしている人たちもいる。

参加者には、ナンバーと名前、年齢、趣味、血液型のみが書かれたリストが配られる。それ以外の情報は、記されていない。この日参加した女性は5人とも、過去にも懇親会に参加経験がある人のようだ。男性は2人、入会前の体験参加の人がいる。

年齢は、女性の最年長が85歳で、一番若い人が62歳。男性は上が75歳2人で、下は体験参加の方で57歳。まずは1人ずつ前に出て自己紹介するところから懇親会はスタートした。

女性で最年少の田村美智子さんは、「人間、1人では生きていけないと思います」と自己紹介で語っていた。1人でご飯を食べるのは寂しいと、率直な気持ちを述べる男性もいる。

印象に残ったのは、75歳になる藤田忠雄さんの「この歳での婚活は、終活でもある気がします」という言葉だ。残りの人生を、どう生きるか。シニア婚活は、「自分の人生をどう締めくくるかを、前向きに自分で選ぶ」行為なのかもしれない。

パートナーを探す者どうし、本音で話せる

まずは懇親会全体の雰囲気を見ようと、離れたところからしばらく見学することにした。女性がリードして2人の男性と話をしているテーブルもあれば、男性がよく話しているテーブルもあるが、どのテーブルもなごやかな雰囲気で、話が途切れている様子はない。

途中からいくつかのテーブルにお邪魔したが、こちらから質問すると、ほとんどの人が率直に答えてくれた。女性のなかには、いい相手と出会えてボーイフレンドをつくることができたらラッキーだし、もし見つからなかったとしても、おしゃれして男性と会話する時間があるのが楽しい、と話す人もいる。

この日最年長の参加者・北村靖子さん（85歳）も、そんな感じだ。とてもおしゃれで華やかな雰囲気を醸し出しており、若いころはさぞかし目立つ存在だったに違いない。

「最初の結婚はお見合いです。堅い職業の人だということで、親からもまわりからも勧められて結婚しましたが、実は酒乱でした。子どももいたので20年我慢しましたが、40歳で離婚。それから銀行でお金を借りて、ブティックを始めました。43歳で再婚しましたが、80歳のときに夫に先立たれてから、寂しくてうつ状態になり——娘がインターネットで調べて、『こういう会があるよ』と教えてくれたんです」

娘さんは外国人と結婚し、遠く離れて暮らしている。1人で暮らしている母親のことが心配だろうし、年配者の恋愛に理解がある海外の文化を知っている分、「いい歳をしてみっともない」などといった固定観念がないのかもしれない。

もちろん大半の出席者は、真剣に結婚相手を探していることは言うまでもない。また、求める相手像もそれぞれ違う。たとえば体験参加の秋葉忠義さん（62歳）は、15年前に離婚。飲食店を営んでおり、できれば店の仕事を一緒にやってくれる女性と結婚したいと、希望を語っている。

「こういう会があることは、以前から知っていました。でも懇親会が開かれるのは、たいてい週末ですから。うちは週末も営業しているので、参加できなかったんです。かといって、いわゆるお見合いはちょっと〝重い〟気がして。一日伸ばししているうちに、気がついたら60を過ぎていた。真剣に先のことを考えなくてはいけないと思い、お店を休んで参加しました」

スポーツが好きでスポーツジムにも頻繁に通っている中林昇さん（64歳）は、この日もテニス帰りに懇親会に参加した。

「ジムで『結婚相手を探している』とか、『1人でいるのは寂しい』なんて言ったら、エロジジイと思われるのがオチ。みんなから引かれてしまう。でもここは、本気でパートナーを探したいと思っている人の集まりだから。本音で話せるから、気が楽なんです」

1対1で話すより緊張感がないからなのか、皆さんざっくばらんに話している。女性にしてみれば、男性が同性どうしでどんな感じで会話をするかも観察でき、人となりを判断する材料にもなりそうだ。

ただ、会話が苦手な人にとっては、こうしたグループでの懇親会はハードルが高いかもしれない。男性最年少でこの日体験参加だった57歳の小山幸三さんは、終始無表情でほとんど会話に参加していなかった。私が何か質問するとむっとした表情で、「言いたくありません」という答えが返ってきた。

連絡は事務局を通して

太陽の会では、参加者どうしが交際前に直接連絡先を交換することを、原則的に禁じている。気になる人がいたら、それぞれの支部の代表に連絡し、相手の反応を確かめてもらうことになっている。

「うちは、いい意味である程度介入していく方針です。会員一人ひとりをちゃんと見て、幸せになれるかどうかを見極める責任があると思っていますので。人によっては、このルールを『管理されている』と感じるかもしれません。でも、皆さんが幸せになるためのルールだからと説明し、ご了承いただける方に入会してもらっています」

もちろん、なかには内緒にしてこっそりつきあいを始める人もいないでもない。

「その結果、過去にトラブルになった人も何人かいます。どちらかというと、男性が女性に騙されるケースが多いですね。女性からお金を貸してほしいと言われて貸してしまい、戻ってこなかったケースが、過去数件ありました。男性は、お金を貸せば自分の思い通りになると思ったのでしょう」

ひとくちにシニアを対象とした結婚相談所、あるいは結婚情報サービスといっても、あくまで出会いを提供し、そこから先は自己責任というスタイルのところもあれば、一昔前のいわゆる仲人さんみたいな感じで事務局が介入していくスタイルのところもある。どちらが自分に向いているかは、それぞれ好みやライフスタイル、性格などによって変わってくるだろう。

ケース1 息子3人を育て上げたシングルマザー

太陽の会で出会い、結婚した人は、その後どのように暮らしているのか。結婚にまで至る経過や結婚後の生活、気持ちの変化などをうかがってみた。

・加藤典昭さん（57歳）初婚
・加藤玲子さん（60歳）最初の夫とは離別
・懇親会で出会い、半年後に結婚。結婚3年目

取材当日、典昭さんは仕事で不在だったため、玲子さんのみからお話をうかがうことになった。結婚時に夫が購入したマンションのラウンジに現れた玲子さんは、ゆるふわパーマがよく似合っており、とても60歳には見えない。どちらかというとコンサバティブなおしゃれが好みのようで、ファッションからも、きちんとした性格がうかがえる。

玲子さんが最初の結婚をしたのは26歳のとき。大手広告代理店勤務の夫と社内恋愛の末結ばれ、3人の男の子に恵まれた。結婚と同時に退社し、29歳で一軒家を購入する。玲子さんの両親が亡くなったため、遺産を頭金に充てたのだ。

42歳で離婚。夫の借金が原因だった。

「バブル期の広告代理店は、とにかく派手でした。夜のつきあいも多く、毎日タクシーで帰宅です。女性関係にも気づいていましたが、3人子どもがいて離婚したくはなかっ

たので、我慢しました。でも人間って、おかしくなるんですよ。金銭感覚がマヒしてしまう。バブル経済がはじけた後も、元夫は豪遊をやめられなかったんです」

玲子さんは高校卒業後、5年間、銀行で働いたことがある。その経験を生かし、一番下の子どもが10歳になると、銀行の窓口業務のパートを始めた。だがそのころ、サラ金の取り立ての電話が自宅に頻繁にかかってくるようになり、夫がサラ金から借金をしていることを知る。

長男が高校3年、次男が中学3年、三男が中学1年のときに協議離婚。まだまだ教育費にお金がかかる時期だったが、相手に支払い能力がないため、慰謝料、養育費ともゼロだった。ただ残っている家のローンだけは、払ってもらうことにした。

夫の借金がわかった時点で、コンプライアンスに厳格な職場である銀行は辞めざるをえなかったが、生活費と教育費を確保するにはフルタイムで働くしかない。家から通いやすい会社で働いている間に、知り合いの医師から「ヘルパーの資格をとって働かないか」と声をかけられ、仕事をしながら勉強をして資格を取得した。

「資格を取ってから10年間、子どものために必死でヘルパーの仕事をしました。雨の日も風の日も、雨合羽を着て自転車に乗って。その後、子どもの教育費がさらにかかるようになったので、3年間は施設で働き、夜勤も担当しました。生きていくためには、正社員としてがんばるしかない。何せ男の子3人なので、食費もばかになりませんから」

子どもを3人産んだのは自分だという責任感から、なんとしても全員成人するまではがんばろうと決意。だが、元の夫は途中からローンが払えなくなり、300万円のローンが残った。長男は理学療法士を目指して専門学校へ進学したので、入学金150万円と学費を払うため、母子福祉資金からお金を借りた。次男、三男は高校卒業後に就職し、経済的に自立してくれた。

兄の死で人生を見つめ直す

生活を変えたいと切実に思ったのは、50代後半になってからのことだ。

「50代で夜勤をこなすのは、体力的にも大変でした。仮眠をとっても、2時間寝られたらいいほう。そういう生活を続けていたので、体がぼろぼろでした。そんなとき、兄が67歳で亡くなって――『あぁ、いつ明日が来なくなるか、わからないんだ』と実感し、自分の人生を考え直そうと思ったんです。子どもたちも巣立ち始めましたし、もう自由になってもいいかな、と。次男が結婚式のとき、親への言葉で『お母さんはこれから自由に生きてほしい』と言ってくれたことも大きかったですね。婚活をしてみようかと思う、と次兄に相談したら、『やっとその気になったか』と言われました」

住宅ローンも母子福祉資金の返済もすべてすませ、借金は一切残っていない。身ぎれいになった今なら、前向きに次の人生を考えられる。そこでやはり離婚し、先に婚活を始めていた姉に誘われて、太陽の会の懇親会に参加することにした。

中途半端なことは嫌いな性格なので、最初から法律婚のみを希望していた。懇親会では、相手が結婚に何を望んでいるかを知りたくて、参加者全員に「どうしてこちら（太陽の会）に入られたのですか？」と聞いた。

「すると、『ご飯をつくってほしい』と答えた方が多かったんです。でも、私は家政婦ではないので。お互いの求めているものがちょっと違うなと感じました」

現在の夫と出会ったのは、3度目に参加したときのこと。終了後たまたま帰る方向が同じだったことから、一緒の電車に乗ることになった。

途中で喉が渇いたので玲子さんのほうからお茶に誘い、電車を降りて、気づいたら喫茶店を3軒はしごし、2時間半くらい話していた。玲子さん曰く「といっても私のほうが一方的に質問攻めにしていた感じでしたが（笑）」。

そこから交際がスタート。その後はあっという間に話が進み、半年後には結婚にこぎつけた。

医師で独身？　彼の経歴詐称疑惑

とんとん拍子に結婚までいった理由は何なのか。玲子さんに、第一印象で「この人」と思ったのかと聞くと、そうではないという。むしろ懇親会の最中には、無口でちょっと暗い人と感じたくらいで、まったく印象に残ってはいなかった。だがお茶を飲んで話しているうちに、相手は結婚経験がないこと、とても真面目な人であることがわかった。前の結婚で懲りているので、誠実そうな人であることが、交際してもいいと思った大きな理由だという。

その時点では相手の職業を知らなかったが、交際がスタートしてから、勤務医であることを知った。ただ、玲子さんのなかでは「医師イコール結婚相手に困らない」という認識があったので、にわかには信じられなかった。

「知り合いの医師に話したら、経歴詐称かもしれないと脅かされて。失礼だとは思いましたが、証明書を見せてくれと電話でお願いしました。向こうはびっくりしていましたが、それで怒ったり機嫌を損ねたりする人ではなかったのもポイントが高かったですね」

典昭さんからのプロポーズは3回目のデートのときだ。お互い結婚を決めたのは、〝寂しさ〟を共有できたからかもしれないと、玲子さんは自分たちの気持ちを分析している。典昭さんは大学進学で親元を離れてからずっと1人で暮らし、50歳のころに相次いで両親を亡くしている。つまり、帰るべき故郷すらなくなってしまったのだ。

「私は私で、子どもが手を離れた寂しさがあります。お互い、寂しさは一緒だなと感じました」

相続から性生活まで、具体的希望をすりあわせ

玲子さんは結婚が決まったのを機に介護職を離職し、専業主婦となった。

「もう働かないで、ゆっくりと好きなように過ごしてほしいと主人が言ってくれました。主人は仕事柄、介護職の大変さも知っています。だから、いたわってくれているのだと思います」

結婚にあたっては、話し合いをして、具体的な約束事をいくつか決めた。まず、過去を新生活に持ち込まないこと。典昭さんは病院が手配した住宅に住んでいたが、そこは引き払うことにした。玲子さんも、持ち家は子どもたちとの思い出の場所なので、そこで新生活をする気持ちはなかった。もし自分が先に死んだら、その家は息子たちに相続させたいので、いずれ公正証書をつくってもらうことを典昭さんに提案している。

「シニア婚をしたものの、後からもめごとになったという話もけっこう聞いています。やはり最初が肝心だと思い、あえて結婚前にいろいろ提示しました。もし私が希望する条件を受け入れてもらえなければ、結婚の話は白紙になったかもしれません」

結婚前に結婚後の生活に関して具体的な希望や条件を提示し、すりあわせをして決め

事をしておくのは、シニア婚においては大事なポイントだ。結婚した後、「こんなはずではなかった」という事態になり、最悪離婚になることもある。年齢が高ければ高いほど、結婚で失敗した際の精神的ダメージは大きい。

初対面のときから、積極的に自分から話すほうではなかった典昭さん。その分、自分だけの世界を持っていることに、玲子さんは結婚してから気がついた。典昭さんは歴史マニアで、いずれ自分でも歴史に関する本を書くのが夢らしい。その件については、あえてあまりいろいろ質問はしないようにしているそうだ。

「お互い60近くまで別々の人生を過ごしてきたわけだし、ましてや主人は若いときからずっと1人だったので、突然同じ色にはなれませんよね。だからそれぞれ立ち入らない部分があってもいいというのは、最初から2人の間で約束していたことです」

寝室は別にし、それぞれプライベートルームを持つというのも、結婚前に決めたことだった。もともとセックスはあまり好きではないという玲子さん。性的な関係はそれほど求めていないと伝えたところ、典昭さんからも、そういうことは重視していないという答えが返ってきた。何度か性的な関係も持ったが、2人とも今さら別にしなくてもいい、という結論に至った。そのかわりハグをしたり手をつないだりと、スキンシップは大事にしている。照れ屋だった典昭さんも、最近は自分から「ハグしよう」と言ってくれるようになったという。

「一緒になって本当によかったと、よく言ってくれています。主人は19歳で故郷を出て以来、家庭料理の味を知りませんでした。ですから毎回、感動しながら食べてくれています。たいしたものをつくっているわけではないんですけどね」

婚活パーティの場では「ご飯をつくってほしい」と答える男性たちに反発を感じていた玲子さんだが、今は「おいしい、おいしい」と言葉に出して食べてくれる夫のために料理をするのが生きがいになっている。また、おしゃれに興味がなかった典昭さんを変身させようと、結婚後は夫のファッション、髪型、メガネなどをすべてコーディネートしている。

「磨いて少し光りました。職場の女性たちも、今になって惜しいことをしたと、ちょっと残念がっているかもしれませんね」と玲子さん。典昭さんが息子の奥さんにこっそり「今まで苦労してきたんだから、これからは玲子に楽をさせてあげたい」と言っていたと後から聞き、感激して思わず泣いてしまったそうだ。

「主人に出会えて幸せです。本当に感謝しています」という玲子さんの晴れやかな表情が、今の幸福を物語っている。

ケース2 キャンピングカーで旅を楽しむ77歳&66歳

・大野忠行さん（77歳）今回が再々婚
・高田真由美さん（66歳）最初の夫とは離別
・大野さんが72歳のときに懇親会で知り合い、交際開始

白髪の紳士・大野忠行さんと、渋い紬《つむぎ》の着物に身を包んだ高田真由美さん。「実は僕たち、キャンピングカーで旅するのが趣味でして」と聞き、第一印象とのギャップに驚いた。「私、仕事でいつも2トントラックを運転しているから、キャンピングカーみたいな大きな車は得意なんです」という真由美さんの言葉に、さらに驚く。

キャンピングカーで旅してみたいというのは、忠行さんの長年の夢だった。それまでチャンスがなかったが、真由美さんとつきあうようになったのをきっかけに、これからはやりたいことを積極的にやっていこうと決心。中古のキャンピングカーを購入し、今は2人であちこちに出かけている。

シニアになってから出会ったパートナーと新たな趣味を共有し、イキイキとした毎日を過ごしている忠行さんと真由美さん。しかしここに至るまでには、2人それぞれ波乱の歴史がある。

忠行さんの最初の結婚は24歳のときだった。妻の一族が営む町工場で働いていたが、娘2人が成長するにつれ、夫婦の関係が軋《きし》んでいった。「お父さんの好きにしたらいい。自由になっていいよ」という娘たちの勧めもあり、別居期間をへて、49歳で離婚。持ち家は妻に残し、自分は山梨県に所有していた別荘に移り住んだ。

仕事も変わり、ずっと1人で生活していたが、60代半ばになると徐々に寂しさが身に染みるようになってきた。とくに冬ともなれば気温が氷点下まで下がり、別荘地には人の気配も少なくなる。自分はこのまま1人で、孤独に老いていくのだろうか。そう思うと心細いし、支え合う人がほしいと痛切に感じるようになり、思い切って結婚相談所に入会した。

婚活の末67歳で入籍した妻の、早すぎる死

出会いはすぐに訪れ、8歳下の女性と1年の交際をへて、66歳のとき一緒に暮らし始めた。

「籍をどうするかは相手に任せていました。彼女は以前の結婚でつらい思いをしているので、入籍には慎重で、しばらく様子をみてから決めたい、と――。でも60歳という区切りを前に、いろいろ考えるところがあったのでしょう。同棲して1年後、彼女の60歳の誕生日の直前に、正式に結婚しました」

ところがそのとき、妻の体はすでにがんに侵されていた。脚や背中が痛いというので、入籍してから半年後に病院に行ったところ、余命3ヶ月と宣告される。

「彼女はすごく気丈で、残された時間をどう生きるかを前向きに考えたい、と言いました。2人でがんにいいと言われている玉川温泉に出かけて療養したら、それまで喉を通

らなかった食事が、普通に食べられるようになったこともありました。がんはあちこちに転移していましたが、結局宣告されてから1年、生きてくれました」

妻は、「最期まであなたの面倒をみるつもりで一緒になったのに、本当にごめんなさい。これから先のあなたのことが心配」という言葉を残して逝った。最後の1ヶ月は、病院に泊まりがけで看病をしたという忠行さん。生きている間に尽くせるだけ尽くしたし、再婚しても許してくれるだろうと思い、妻の死後数年がたったころ太陽の会に入会。そこで真由美さんと出会うことになる。

酒乱の夫との結婚生活に耐えて

一方、真由美さんは21歳で結婚し、娘と息子に恵まれる。夫は酒乱で、酔うと「出ていけッ！」とわめき、手がつけられなくなる。嫉妬妄想がひどく、暴力をふるうことも日常茶飯事。仕事先でトラブルを起こしては転職を繰り返し、給料もあらかたお酒に使ってしまうため、真由美さんは内職請負の仕事を始めた。内職の材料やできあがった製品をトラックに積んで運ぶのも、真由美さんの役目だ。事業は順調に伸び、30名ほどの働き手を抱えるまでになった。

するとと夫は真由美さんのお財布からお金を抜き取っては、朝から酒を飲むようになる。真由美さんはストレスから体調を崩し、副腎を取る手術を受けたが、子どもたちのためにも働き続けるしかなかった。

「夫がしょっちゅう『出ていけッ！』と怒鳴るので、自分で貯めた500万円を頭金にして中古の家を買い、『じゃあ、出ていきます』と家を出ました。娘はすでに独立していましたが、息子は私についてきました。でも夫に『離婚してください』と言うと、『男ができたんだろう』と逆上して暴れるので、話にならない。大酒飲みなのでそれほど長生きしないだろうと思い、仕方ないから籍はそのまま放置していました」

5年後、意外なことに夫のほうから、再婚するから離婚してくれと言ってきた。身の回りのこともできないので、1人では不便だったのだろう。相手は結婚相談所で出会った女性だった。

再婚へのネガティブなイメージ

これで33年間の悪夢のような結婚をきれいさっぱり断ち切れると、真由美さんは離婚を歓迎した。一方、子どもたちは父親の再婚について、当初かなり憤っていた。相手の女性は結婚にあたり、経済的に自立していない30を過ぎた自分の娘も同居することと、真由美さんとの間の子どもが相続を放棄することを条件として出してきた。

「私は、あんな酒乱の男と結婚してくれるなんてその人に感謝したいくらいの気持ちでしたが、子どもたちは相続に関する相手の条件を突っぱねたようです。あの女の人は、お金と一軒家が目当てだって。たぶん元夫は、『俺が面倒みるよ』とか、調子のいいことを言ったんでしょう」

ところが新しい妻にも生活費を月に2、3万円しか渡さないうえ、例によって「出ていけッ!」の連続で、結婚生活は2ヶ月で破たんしてしまう。挙げ句の果てに「グルになってこんな女を俺に押しつけたな」と結婚相談所の所長を脅し、成婚料を返せとすごんだという。結局、相談所側から弁護士を通じて「これ以上脅すと恐喝罪で訴える」と言われ、しぶしぶ手を引いたようだ。

身の回りの世話をしてもらいたい男と、持ち家や年金を目当てに再婚を望む女。そんな男女の思惑を垣間見て、真由美さんはシニア世代の再婚に対してややネガティブな感情を抱く。少なくとも自分は、婚活をすることはないだろうと思った。

「それまでの結婚生活が、トラウマになっていたのでしょう。こんなイヤな男とやっと離婚できたのに、再婚なんかして、万が一、またひどい男だったらどうしようという恐怖がありました。贅沢さえしなければ一生自分の力で生きていけるのだから、だったら自分の力でがんばっていこう、と思ったのです」

あの最悪の夫しか知らない人生では悲しい

徐々に気持ちが変わっていったのは、時間と年齢のせいかもしれない。今になって真由美さんは、そう考える。離婚して時間がたつにつれ、もう過去のことは忘れようという気持ちになっていった。それと同時に、これから先の人生を考えた。

「がむしゃらに働いて子どもを育て、ローンも完済したし、子どもたちも独立しました。でも、人生で出会った男性があの最悪の夫だけというのでは、あまりにも悲しい気がしてきて――もしかしたらどこかに自分に合う男性がいるのではないかという思いが、ちらっと頭をよぎるようになったんです」

一緒に旅行に行く仲のいい女友達はいるけれど、異性の友達がいる心の華やぎは、また違うのではなか。そんな思いが徐々に芽生え始めてきたころ、長年続けている習い事の先生から太陽の会を勧められた。

「へぇ、そういうものがあるのかと思って。話を聞いてからしばらくは行動を起こさなかったのですが、あるとき、ダメもとで参加してみようという気になったんです。ただし期間は3ヶ月間と決めました。その間にいい出会いがなかったら、時間の無駄だからやめよう、と。ちょうど3ヶ月後が60歳の誕生日でしたので、それを区切りにしようと思ったんです」

2回懇親会に参加したものの、これといった出会いはなかった。いよいよ3ヶ月目。これが最後と思って出席した3回目の会で、運命の出会いが訪れた。

懇親会の日、「この人と個別に会って話してみたい」と思った決め手はなんだったのか。双方にうかがってみると、2人とも、最初の自己紹介の言葉が大きいという。忠行さんも真由美さんも、「自立したものどうしとしてつきあえる方と出会いたい」と希望を述べている。忠行さんは1人暮らしが長いので、身の回りのことは自分でできる。真由美さんは経済的に自立している。これから先パートナーに何を求めるかという最も大事な点において、お互い、共有できるものがあったということだろう。

1回目のデートの場所は、双方の家からほぼ等距離の地方都市のレストラン。真由美さんは忠行さんの堂々とした態度に魅力を感じたという。

次のデートの際、忠行さんが暮らす家を訪れた真由美さんは、隅々にまで行き届いた丁寧な暮らしぶりに感嘆した。

「家もきちっと片づいているし、庭もきれいにしている。私はどちらかといったら大雑把な人間なので、この人だったら自分に足りないものをカバーしてくれるのではないかと思いました。それに受け答えがとても紳士的だし、経済観念なども含めて尊敬できる方でしたので、ぜひこの方とおつきあいしたいと思いました」

一方忠行さんは、初対面の際は真由美さんのストレートな物言いにちょっと怯《ひる》んだが、話すにつれ、価値観が似ていると感じるようになった。具体的には、見栄を張らず、身の丈にあった生活を望むこと。また、思ったことはきちんと言葉で表わし、自分に非がある場合には素直に謝る、といった点だという。

限られた時間を大切にしたい

正式に交際が始まるとすぐに男女の関係になり、お互いの家を行ったり来たりする生活が始まった。そのうち忠行さんは真由美さんに、できれば仕事をやめてほしいと、気持ちを伝えた。真由美さんとしては70歳までは働くつもりだったし、忠行さんは自立している女性がいいと言っていたのに、いったいどういうことなのか。真由美さんがそう問うと、こんな答えが返ってきた。

自分の年齢を考えると、2人で一緒にいられる時間は限られている。生活費の面倒はみるから、残り少ない時間、一緒に人生を楽しもうよ——。

前妻をあっという間に亡くしてしまった忠行さんは、時間は有限であることが身に染みている。だからこそ、2人の生活を最優先したいと考えたのだろう。その思いを汲んだ真由美さんは、事業を息子と娘に譲り、相談役のような立場に退くことを決意した。

2年前にキャンピングカーを購入してからは、3週間かけて北海道を回るなど、アクティブな生活を楽しんでいる。ときには1日に400キロくらい走ることもある。交代で運転をするので疲れないし、ストレスもたまらないと2人は話す。

「旅をしながら自分たちで食事もつくるわけですから、体力がいります。いいレストランに行きたいとか、上げ膳据え膳がいいという人には向かないですよね。そういう点でも、私たちは価値観が合っているんだと思います」と真由美さん。景色がいいところで車を止めて、地元の食材を調達して一緒に食事をつくって食べる時間が、本当に楽しいそうだ。

ただし、こういう生活がこの先ずっと続くわけではないことも、2人ともよく承知している。お互いの年齢や体力を考えると、あと5、6年が限界だろう。だからこそ2人とも、「今」を精いっぱい楽しみたいと考えている。

つきあい始めて約6年、籍は入れていなかったが、近々正式に結婚し、完全同居生活を始める予定だ。忠行さんの娘たちも、結婚に賛成している。その点で真由美さんは、忠行さんの娘に感謝している。

「娘さんたちは私たちが結婚するにあたって、何ひとつ条件を出しませんでした。自分たちには夫もいるので、お父さんの財産は一切当てにしていないとも言ってくれたのです。夫婦の離婚後も、忠行さんは父として何かと相談に乗ったり援助をしたりしていたようで、2人ともお父さんを尊敬しているみたいです。お孫さんもすごく素直に育っているし、素敵な家庭だなと思いました」

キャンピングカーで1日走り、日帰り温泉でその日の疲れを癒《いや》すたびに、「あぁ、なんと幸せなんだろう」と、心から喜びが湧き出てくる。60を過ぎてこんな人生が始まるなんて想像もしていなかったし、思い切って婚活をしてよかったと、真由美さんは今、しみじみ実感している。

第3章 長引く婚活の理由

マッチングの難しさ

婚活を始めてすぐにパートナーと出会える人もいれば、なかなか出会えない人もいる。もちろん「モテる」「モテない」の差もあるが、シニアの場合、双方の事情から来る条件が大きくかかわっていることも少なくない。たとえば法律婚を望む女性と、事実婚を求める男性の場合、お互いに魅力を感じたとしても、マッチングはなかなか難しい。

一般的に、男性より女性のほうが、相手に求める条件が厳しいようだ。たとえば茜会の場合、複数あるコースのうち、女性は〈条件に合った人を月に1人ずつ紹介されるコース〉を選ぶ人が多いという。茜会の立松清江さんは、男女双方が求める条件について、こう説明する。

「女性の場合、年収は1000万以上でないとイヤだとか、住んでいる地域を限定する方もいますし、ほかにも有名大学を卒業していること、両親が他界していることなど、お相手に望む条件が多いし、理想の高い方が多いのです。なかには、お医者様限定というこだわりをお持ちの方もいらっしゃいます。

ちなみに男性の場合は、60代の方でも『40代前半までの女性がいい』など、年齢を絞られる。あと、ビジュアルがいい人、という声も多いですね」

シニアの年齢になっても相手の学歴が気になるというのはいささか驚きだが、どうやらこれが実態らしい。

年収や年齢以外に、結婚生活において相手に望むものも男女で違いがある。

シニア向けの結婚相談所アイシニアを運営する、アイリンク代表取締役の池田淳一さんによると、会員男性の多くは、「1人で食事をするのがわびしい」「家庭料理を食べたい」など、女性に家事を任せたい人や家庭内での居心地の良さを求める人が多いという。

一方で女性は、「長年家事をやってきたから、家事から解放されたい」「主婦を卒業し、これからは一緒に趣味を楽しんだり旅行に行きたい」という希望が多い。

「女性の場合、『家政婦じゃないんだから、そういうことを要求する男性はイヤ』とハッキリおっしゃる方も多いですね」と池田さん。身の回りの世話をしてもらいたい男性と、主婦を卒業したい女性では、なかなかマッチングには至らない。

ただ、婚活を始める時点では「家事から解放されたい」と希望していても、相手に好意をもつと、家事が苦ではなくなる人もいる。第2章で紹介した成婚者の加藤玲子さんも、婚活中は男性たちの「ご飯をつくってほしい」という発言に辟易《へきえき》したと語っていた。だが成婚した今では夫の食事づくりを楽しんでいる。

医師や外資系のサラリーマンなど高収入の男性と離婚した女性も、相手が見つかりにくいという。プライドもあって、前の夫よりランクを落としたくないという心理が働くため、よりハイスペック、高収入の男性を希望するからだ。しかし最初の結婚時より確実に年齢が高くなっているので、やはり婚活をする上では若い女性より条件的に不利であることは否めない。そこを客観的に見ようとせずに「年収1500万円以上」といった条件をつけると、マッチングする相手はなかなか見つからない。

低下する男性の経済力

第1章で見たように、シニア婚活をする女性のなかには、経済的安定のために結婚を望む人が少なくない。とくにパートナーと離別し、非正規雇用の立場で働いてきた女性は、先々の生活の不安から、再婚したいと切実に考える人もいる。

現実問題として、60歳を過ぎると仕事が見つかりにくくなる。たとえ見つかったとしても、職種が限定されがちだ。そこで扶養してくれる相手を見つけることを目的に、結婚相談所や結婚情報サービスを利用しようと考える。

ところが最近は、その点でもマッチングが難しくなっている。太陽の会の世話係を長年つとめている代表の斎藤尚正さんは、ここ6、7年、シニア男性の経済力が低下の傾向にあることを強く実感しているという。

「15、6年前までは、『金のことは俺に任せておけ』という男性がけっこう多かったのですが、最近は減ってきています。ひとつには、退職金が一時期より相対的に減っているためでしょう。加えて長生きリスクもあります。年金だけでは心もとないし、2人分のお金を負担する自信がないという人が増えているように思います。男性が女性に『年金いくらもらってるの？』と確かめるケースもあります。『2人の年金を合わせれば大丈夫かな』といったことを口にする男性も増えてきました」

茜会の立松さんも、まったく同じことを言っている。

「最近は男性側も、経済的に全面的に依存されるのは困るという方が増えています。女性側にも経済力や資産などそれなりにしっかりした背景があれば、一緒になることでより豊かな人生を送ることができる。自分1人ですべてまかなうのは難しい、とおっしゃいます」

シニア世代の男性は「女を食わせてこそ一人前」という感覚が強いと思っていたが、どうやら最近はそうでもないようだ。もちろん次章で紹介するように圧倒的な資産力や経済力があれば、高齢であっても「若くてきれいな女性」を望み、利害が一致する女性と出会う可能性もある。その極端な例が、不審死で世間をにぎわせた紀州のドンファンだろう。いずれにせよ、経済的な安定を目的に再婚を望むシニア女性にとっては、どうやら厳しい時代になりつつあるようだ。

ケース1　92歳の母を介護する63歳男性

太陽の会の懇親会について第2章で紹介したが、私が取材した日は参加者15人のうち2人が入会して10年以上たっており、いったんやめて再入会した人も3人いた。

入会期間がかなり長い人や再入会の人たちは、今までこれといった出会いがなかったのか。それとも、出会いがあったけれどうまくいかなかったのか。婚活が長引いている事情についてさらに詳しく聞いてみようと、場を改めてお話をうかがった。

・岡田進さん（63歳）

・33歳で結婚、35歳で離婚。子どもはいない

・92歳になる母親と同敷地内、別棟で暮らしている

・太陽の会への入会は2回目

63歳という年齢にもかかわらず、どことなくかわいらしい雰囲気のある進さん。いかにも、母親から可愛がられた末っ子といった雰囲気だ。お兄さんと2人で町工場を営み、変電所などで使う部品をつくっていて、現在オリンピック需要もあり工場はフル稼働。忙しい毎日を送っているが、日曜日は休みをとるようにしており、月に一度は太陽の会の懇親会に出席する。

進さんが最初に太陽の会に入ったのは、離婚して10年後、45歳のときだった。再婚し

たいという希望を持っていたが、出会いに恵まれなかったので、思い切って入会した。

今から20年近く前になるが、当時は今より会員数が多く、月例の懇親会の参加者が80名を超えることもあった。仕事柄女性と話す機会が少ないため、女性との会話には慣れていなかったが、何度か懇親会やイベントに参加するうちに徐々に慣れていき、冗談なども言えるようになっていった。

3年後、会員の男性との間で些細なもめごとがあり、会と距離を置きたくなっていったん退会する。しかし再婚できないまま年月がたち、59歳で再び入会した。再入会したきっかけは、苺農家をやっている友人男性が、67歳のときに太陽の会で再婚したことだった。

「彼、再婚してものすごくイキイキしているんだ。まるでそれまでとは別人みたいに明るくなった。それを見て、あぁ、自分も結婚しなきゃ。そのためには行動を起こそうと思ったんだ」

「母親が死んだら、独りぼっちになっちゃう」

進さんは太陽の会以外に、自然な出会いを求めてもいる。実際50歳ちょっと前に、交際しかけた女性もいた。ただ、「一緒になるなら新しく家を建て直してほしい」とお願いされたことで、気持ちが萎えてしまった。

せっかく知り合っても、経済観念やライフスタイルの違いからうまくいかなかったこともある。進さんは、ホテルのレストランで値段の割にそれほどおいしくないランチを食べるよりは、庶民的な食堂でおいしいランチを食べたい派。すると女性から「ケチ臭い」と言われてしまった。

48歳のときに開かれた中学の同窓会では、誰かと出会えるのではないかと期待もあったが、残念ながらこれといった出会いはなかった。

「独り者の女性もいたけれど、ダメだった。還暦の同窓会では、期待もしなかった。参加人数も減っているし、地元を離れた人もいる。病気の人もいれば、すでに亡くなった人もいた。『あぁ、自分たちはもう人生の後半なんだ』って、同窓会でつくづく思い知らされたね。このままだと、母親が死んだら、独りぼっちになっちゃう。やっぱり独りぼっちは寂しいよ。だから、早く結婚したい」

前の結婚の際、親の家の敷地内に別棟を建てたので、現在92歳になる母親とは完全同居ではないが、さすがに最近はトイレ介助など介護が必要になってきた。母親が生きている間に相手を見つけて安心させたいというのも、再入会した理由のひとつだ。

貯金を相手の家族のために使われるのが怖い

再入会して4年半の間に、交際まで進んだ人もいた。9歳下の女性で、懇親会の後、向こうから申し込みがあった。

「うちのおふくろは、その人と結婚したらいいと言っていた。向こうから言ってくれたんだから、恥をかかせたら悪いからって」

だが、4ヶ月ほどの交際の後、会長を通して先方から断ってきた。相手は農家の跡取り娘で、1人息子は仕事の関係で関西に住んでいる。最初は1人暮らしだと言っていたが、実は両親と同居しており、どうやら婿のような形で家に入り、農家を継いでくれる人を探していたらしい。

進さんは自宅を所有しており、自営業だからこれからも仕事を続けるつもりだ。相手の女性は、進さんでは農家の跡取りになってもらえないと考え、交際を打ち切ったのかもしれない。また、92歳の母親とは別棟だが、妻になる人は介護とまったく無縁とはいかないだろう。そのあたりも、ネックになっている可能性はある。

なるべく早く結婚したいと願う一方で、進さんには、結婚するのが怖いという気持ちもある。自営業とはいえ、フル稼働で働けるのは、体力的に70歳くらいまでではないかと踏んでいる。ある程度の年齢になったら仕事量を減らさざるをえないし、年金に頼って生活をすることになる。

「そうなったとき、奥さんになった人に親や前のダンナさんとの間の子どもがいて、『ちょっと家族のためにお金が必要なのよ』と言われたら、夫婦だから助けざるをえない。でもずっと1人でがんばって働いて貯めてきたお金を、知り合ったばかりの相手の家族のために使われるのも、正直、ちょっとイヤだなという気持ちがある。そういうことを考え出したら、だんだん不安になってくるんだ」

前の結婚の際、奥さんが実家の親のためにかなりお金を使い、それも離婚の原因のひとつだったので、ついそういう心配をしてしまう。だからいざとなると臆病になり、優柔不断な態度になってしまうのだと、自分自身を分析している。

恋活アプリでの手ひどい失敗

太陽の会に再入会したものの、なかなか結婚にこぎつけない進さん。63歳にして2ヶ月間ほど、恋活アプリも試してみた。

その間、3、4人と会う約束をした。ところが待ち合わせ場所に行くと、「私、もう着いているよ」などと連絡があるものの、相手は一向に姿を現さない。そのアプリは、1回メールを送るごとに課金される仕組みだ。1ヶ月分の携帯電話の料金として8万円以上の請求が来て、どうやら相手はサクラだったらしいと気づき、ネットを通じての出会いは諦めた。

シニア婚活仲間から、中国人女性との婚活パーティに誘われて参加したこともある。「中国人なら若い子と出会えるよ」というのが誘い文句で、参加している女性は30代、40代が中心。みな片言の日本語を話し、日本での離婚歴があって子持ちの女性も少なくない。

実は進さんの親戚にも、50代半ばで、初婚で中国人の女性と結婚した人がいる。農家に嫁いでくる女性が少ないため、農協の取り組みで中国人女性とのお見合いが実施され、進さんの親戚もようやく結婚にこぎつけたのだ。

ただ、その男性は結婚後、親戚とのつきあいをあまりしなくなった。農村だけに、冠婚葬祭となれば嫁の役割は大きい。中国人の妻はどうやらそれが不服なようで、夫婦間がギクシャクすることもあるらしい。進さんが法事で訪れた際も、妻は子どもを連れて、どこかに雲隠れしていた。

そんな様子を見ていて、やはり文化が違うと難しいのではないか、また、結婚ビザを手に入れる手段と考えている女性もいるのではないかという不安から、外国人との婚活パーティにはその後、参加していない。

さまざまな迷いや不安、葛藤を抱えつつも、できれば結婚したいという気持ちは変わらない。だからちょっとおしゃれをして、今も進さんは毎月、婚活懇親会に出かけていく。

ケース2 入会3度目の67歳女性

・村山小百合さん（67歳）
・夫が54歳、本人が49歳のときに死別
・婚姻中も死別後も仕事を続け、60歳で定年退職
・太陽の会に最初に入会したのは50歳。その後、退会・入会を繰り返し、現在3回目の入会中

セミロングの髪を揺らし、小走りにやってきた小百合さん。お互いに挨拶が終わると、いきなり「実は今、ちょっと気になる男性がこの会にいまして。デートしてもらえるとうれしいなと思っています」とほほ笑んだ。その様子は、新たな出会いにワクワクしている女子高生のようだ。

小百合さんと亡くなった夫は社内結婚。小百合さんにとっては、初めておつきあいをした男性だった。

「最近頭が痛くて体調が悪い」と夫が言い出したのは、夫が53歳のときだった。病院で見てもらうと血圧が高いという診断結果が出たが、忙しさもあってしばらく放置した。ところがある日、急に動けなくなって病院に運び込まれ、検査の結果、肺がんが脳に転移していることが判明する。それから5ヶ月後、夫は亡くなった。

小百合さんは当時としては高齢出産で、38歳で息子を授かったため、夫が亡くなったとき息子はまだ小学生だった。あまりにも急な夫の死に気が動転し、すっかり痩せてしまったが、息子を育てなければという思いでなんとか自分を奮い立たせた。

「結婚してからも調理師として仕事をしていましたし、夫の遺族年金もそれなりに出るので、生活はなんとかなります。一軒家のローンも主人の生命保険で完済できましたから、経済的には問題ありませんでした。でも、それまですべて夫に頼ってきたので、精神的にどうしていいかわからなくて……」

夫の死後1年たち、ようやく気持ちの整理がついたころ、地元の新聞で太陽の会主催のハイキングイベントを知った。その時点では、新たな伴侶を見つけたいという思いがあったわけではない。山でも歩いたら少しは気持ちが晴れるかもしれない。そんな思いで参加した。

その後、バーベキューや納涼飲み会などのイベントが楽しみで、入会することに。入会金や毎月の会費がそれほど高くなかったのも、入会した理由のひとつだった。

「当時私は50歳くらいでしたので、会員のなかではけっこう若いほうだったこともあって、会長を通して何人かの男性から声がかかりました。食事くらいなら、ということで3人くらいとお会いしましたが、結局、『結婚するつもりはないので、お断りしてください』と、会長にお願いしました」

思春期を迎えた息子のために退会

ハイキングなどは楽しかったが、小百合さんは入会から約半年で退会する。息子が思春期を迎えて精神的に不安定になり、ハイキングどころではないと思ったのが一番の理由だ。

それから5年たち、高校生になった息子はすっかり落ち着き、彼女もできた。

「息子が、『俺はもう大丈夫だから。今度は自分のために生きろよ』と言ってくれたんです。私も、たまにデートをしたり一緒に旅行に行ったりするようなパートナーがほしいと思い始め、また入会しました。今から10年前、55歳のときです」

とはいえ、再婚は考えていなかったという。

「自宅もあるし生活には困っていないし、誰かと結婚すると遺族年金の受給資格がなくなります。それに息子がまだ高校生なので、独立するまでは子どものことを優先するつもりでした」

いい出会いは、再入会してすぐに訪れた。お相手の長崎郁夫さんは当時57歳で、そのころは太陽の会の会員ではなかった。ただ一時期、太陽の会に入っていたので、会に知人が多い。懇親会の流れでカラオケの2次会に行くことになった日、誰かがたまたま長崎さんに連絡をし、彼も合流することになった。そのときはそれほど親しく話したわけではなかったが、3ヶ月ほどたち、郁夫さんから小百合さんに会いたいと直接連絡があった。

「彼はすでに退会したとはいえ、元会員ですし、やはり筋は通したほうがいいかと思って会長にお話ししました。そのうえで正式におつきあいをすることになり、私もお相手が見つかったということで退会しました」

郁夫さんは妻と死別し、3人の娘がいる。お互い自宅には子どもがいるので、もっぱら外でデートし、すぐに男女の関係になった。経済的に対等でいたいという小百合さんの希望もあり、普段のデートは原則として割り勘だった。車で小旅行に出かける際は、ガソリン代とホテル代は郁夫さんが負担し、食費や雑費は小百合さんが出すようにしていた。

未婚のシニアカップル、10年目の別れ

小百合さんは60歳、郁夫さんは65歳でそれぞれ仕事を退職した。そのころから、2人にさまざまな変化が訪れる。

まず小百合さんの息子が結婚することになり、その件で、親子間でもめごとが起きた。そんな折、振り込め詐欺に引っかかりかけ、お金を渡す寸前のところで回避できたものの、小百合さんはストレスが重なり体調を崩してしまう。

一方の郁夫さんも、退職後は体調を崩すことが多くなった。

「つきあい始めて7年くらいたつと、男女の関係もなくなりました。どちらかというと、同志みたいな感じだったかもしれません。私はどちらかが旅立つまで、ずっと、そういう関係でいいと思っていたのですが……」

別れを切りだしたのは郁夫さんからだった。つきあい始めて10年たち、郁夫さんは67歳、小百合さんは65歳になっていた。

「はっきりした理由は聞いていません。でも、仕方がないのかなと思いました。彼も67でしたから、これから先どう生きるか、改めて考える時期だったのかもしれません。そのとき、私との未来は考えられなかった、ということでしょう。

思いあたる節といえば、経済感覚の違いです。私はたまには高いお金を出しても、おいしいものを食べたいと考えています。でも彼は、違ったのかもしれません。たとえば下関に行ったとき、せっかくだから名産のフグを食べたいと思い、私がコースをご馳走しました。でも、もしかしたら彼は内心、あまり居心地よくなかったのかも……。貧しい家庭で育ったそうで、『育ちが違う』と言われたこともありました」

別れに至ったことについて「10年間とても楽しかったからそれでいいんです」と、自分に言い聞かせるようにきっぱりと言い切った小百合さん。異性のパートナーがいることでこんなにも心が弾むのかと、実感した年月だったという。

つきあっている間、郁夫さんの家には行ったことがない。「とても招待できるようなところではない」と言われたそうだ。小百合さん側は、急に会いたいと言われて、何度か家に呼んだこともある。

「でもご近所の手前、あまりそういうこともできませんし」

都会に比べてコミュニティーが濃密で保守的な地域性もあり、人の目を気にしないわけにはいかないのだろう。籍を入れず同居もせず、シニア世代の男女がただつきあいを続けるというのは、いろいろと難しい面がある。

パートナーがいる幸福感はほかでは埋められない

郁夫さんと別れた後、小百合さんは太陽の会に再々入会した。目下、相手に望んでいる条件は次の3点だ。

・年齢差に関してはまったく気にしておらず、10歳上でも一回り下でもいい。ただ、実年齢が何歳であれ、若々しく見える人がいい。
・カラオケや旅行など、趣味を共有できる人。
・入籍を望まない人。
「経済的には対等でいたいし、経済感覚が同じ人でないとやはり難しいかもしれません。でも次に出会う人とは、一緒に暮らしたい。息子も結婚して家を出ていき、今は1人で暮らしています。やっぱり1人は寂しいですから。

この歳になると、3日間誰とも口をきかないと、このまま孤独死するのではないかと落ち込んでしまいます。一時期うつっぽくなったので、これではいけないと思って毎日のようになにかしらお稽古事に行ったり、ボランティア活動をしています。でも、それだけでは人生、満たされません。やっぱり異性のパートナーがいることの幸福感は、ほかでは埋められません。この10年で、それを知ってしまいましたから。

この先、年齢を重ねて孤独を感じれば感じるほど、ますますそういう相手がほしくなると思います。ですから会長に、『ぜひ、どなたか紹介してください』とお願いしています」

ケース3 16年の婚活をへて20歳年下女性とゴールイン

・滝川雄介さん（71歳）最初の妻とは死別
・滝川七海さん（51歳）最初の夫とは離別
・太陽の会で知り合い、雄介さんが69歳のときに正式に結婚

頭がツルツルで口髭《くちひげ》を生やし、居酒屋の大将のような雰囲気の雄介さん。目がギョロリとして、一瞬怖い人かなとも思うが、笑うと顔が愛嬌満点になる。いかにもラブラブといった雰囲気で寄り添っている奥様の七海さんは、頬がふっくらしていて、とても50代には見えないようなかわいらしさだ。

男性にモテそうな七海さんは、なぜ20歳も年上の雄介さんを選んだのだろう。そしてなぜ雄介さんは婚活を始めて16年間、出会いがなかったのだろう。

発電所などで使う計器を製造する仕事をしている雄介さんは、35歳で同い年の女性と結婚し、息子を授かった。ところが43歳のとき、妻に乳がんが見つかる。手術を受け、

いったんはよくなったが、全身にがんが転移して6年後に亡くなった。

その後3年間、雄介さんは悲しみから立ち直ることができず、毎晩のように焼酎を4合飲み続けた。テレビを見ていても運転をしていても、いったん涙があふれ出すと止まらない。息子の世話は同居している母親まかせ。そんな生活を3年続け、さすがに「こんなことではダメだ」と思うようになった。

ある日、新聞の夕刊を読んでいたら、「中高年よ、諦めるなかれ」という文字が目に飛び込んできた。シニア向けの結婚相談所数件の合同広告だった。

「人生を変えるチャンスかもしれないと思って、3ヶ所ほど電話で問い合わせをしたんですが、入会金が20万円くらいかかるところもある。それはちょっと無理だな、と思いました。妻が闘病生活をしている間、がんにいいと言われたものはなんでも試そうと思って民間療法にも莫大なお金をかけていたので、あまり蓄えがなかったんです」

そこで比較的費用が安い太陽の会を選び、試しに懇親会に参加してみることにした。雄介さん、53歳のときだ。

「当時高校生だった息子に、『父ちゃん寂しいから、こういうところに行ってみたいんだけど』と言ったら、『いいんじゃねぇ？』と言われて。懇親会の後、2次会、3次会と飲んでけっこう遅く帰ってきたら、息子が起きて待っていてくれた。『どうして起きてたんだ？』と聞いたら、『だって心配じゃないか。いい人いたのかよ』って言うんですよ」

3回ほど会に出席した後、面倒見のいい雄介さんは、懇親会後の2次会、3次会の幹事役をつとめるようになる。同じころ、太陽の会から懇親会の司会役を頼まれ、引き受けることにした。そこで会員としての活動はやめ、スタッフとして婚活を支える側に徹することになった。

そうやって自分の婚活はそっちのけで人の世話をしているうちに、気がついたら60歳を超えていた。さすがに「そろそろ自分のことを真剣に考えなくては」と思い、スタッフをやめて会員に戻ったものの、なかなかこれという出会いはない。交際した相手もいたが、お互いに条件が折り合わず、結局結婚には至らなかった。そこで再婚はもう諦めるつもりで、「これが最後の懇親会」と思って参加した東京支部の会で、運命の出会いが訪れる。そのとき雄介さんは、67歳だった。

壮絶なDVの末、元夫はストーカーに

一方、七海さんは24歳で結婚し、立て続けに3人の子どもを産んだ。公務員だった夫は、結婚後2年目くらいから怒鳴ったり物にあたって壊したりすることが増え、「子どもばっかりかまっているお前が悪い」と七海さんを責めるようになる。そして長男が3歳になったころ、七海さんへの暴力が始まった。

DV被害者に多い心理だが、「お前が悪いんだ」と夫から執拗に言われ続けると、「自分にも責任があるんだ」と思い込むようになってしまう。さらに七海さんの場合、カトリック系の児童養護施設で育ち、自分が犠牲になって人を守ることが美徳だという考えが刷り込まれていた。それに当時は仕事をしていなかったので、離婚しても食べていけないという恐怖もあった。

だが暴力はどんどんエスカレートし、子どもたちも殴られるようになる。さすがに我慢している場合ではないと考え、子どもを連れて何度か家を逃げ出した。実の両親とはほとんど縁がないので、義両親のもとに逃げたこともある。だが、地元の名士で世間体

を重んじる義両親は、息子の暴力が世間に知られないことが何より大事で、殴られるのは七海さんに落ち度があるからだと責めた。

離婚したいと何度も言ったが、そのたびに夫は泣いて謝り、二度と暴力を振るわないと誓う。だがその誓いは、あっという間に破られる。そんな生活が10年目を迎えたころ、この境遇から抜け出すには手に職をつけるしかないと思うようになった。そこで家計のためだと夫を言いくるめ、看護学校に入学。卒業して国家試験に合格してから、看護師として働くようになった。高校生になった長男も、父親のことを「あいつは異常だ」と言い、離婚に向けて準備する七海さんを全面的に応援してくれた。

その間も夫のDVは続き、肋骨《ろっこつ》が折れる怪我を負わされることもあった。ある日、首を思いきり絞められ、さすがに生命の危機を感じて逃げ出した。

地域のDVの専門家や法律の力を借りてようやく離婚へと持ち込んだが、今度は夫がストーカーになってしまう。そのため子どもを連れて何度も引っ越しを繰り返し、警察の力も借りて、なんとか収まった。

「とにかく、3人の子どもを守るので精一杯でした。ほとほと疲れましたし、私と子どもたちを精神的に支えてくれる男性がほしいと考えるようになったのです。そこで46歳から婚活を始め、婚活パーティに行くようになりました」

思春期だった娘が語る、母の婚活への葛藤

婚活を始めた母親について、どう感じたのか。当時高校生だった次女の真紀さん（23歳）に、単独で話を聞いてみた。

「ちょっとやめてよ、と思いました。母親が知らない男性とデートするなんて、いけないことみたいに感じて、生理的にイヤだったんです。お姉ちゃんは、『お母さんは今まで大変だったんだから、好きなことをやっていいよ』と言っていましたけど、私は自分のことしか考えていなかった。お兄ちゃんは独立したけど、女3人でやっと安心できる生活を送れるようになったんだから、このままでいいじゃないかと思っていたんです。

でもそのうち、婚活を受け入れられるようになっていきました。お母さんが楽しそうなので、それを見て、私もちょっと楽しい気分になったのかもしれません。お母さんは、『私、イケメンはイヤッ！』とか、『ぺらぺら喋る男は嫌い』とか、けっこうハッキリ言

う。こういう人がいいな、という理想があったみたいです」

婚活をしている当の本人の七海さんは、当時40代とシニア婚活の場では年齢が若いうえ、見た目がかわいらしいので、モテモテ状態。交際の申し込みは次々とあったが、なかなか思うような相手に出会うことができなかった。

「何人かと食事に行ったりもしましたが、私から見ると、なよなよした感じの男性が多くて。守ってくれそうな人とは、なかなか出会えませんでした。それに男性に対するセンサーが敏感になっているせいか、『あっ、この人もきっとなにか問題ありだ』と、すぐ気づいてしまいます。もう二度と失敗はしたくないから、そういう方は即お断り。そんなわけで諦めかけたとき、この人と知り合ったんです」

その日、懇親会で七海さんは、「うんと年上の人を探しに来ました」と自己紹介をした。その言葉を聞いて「自分にもチャンスがあるかも」と思ったのが、雄介さんだった。

難航した息子との話し合い

初めてのデートの日、話が尽きず、居酒屋を4軒もハシゴしたという2人。20歳離れているのに、全然年齢差を感じなかったという。

この人を逃したら、私にぴったりの人はもう現れない。そう直感したのは意外にも七海さんのほうで、自分から積極的にアプローチ。すぐに男女の関係にもなった。

「まだ僕がプロポーズしていないうちから、『2人で住むところを探しに行こう。今度の日曜日はどう？』みたいな感じで（笑）。さっそく、彼女の子どもたちを交えての食事会もしました。食事が終わって店を出てから、彼女の長男が、『本当にお母さんでいいの？　天然だから大変だよ』と言うんです。その言い方に、母親に対する愛情を感じました」

初対面のとき、雄介さんの印象はどうだったのか、七海さんの娘の真紀さんはこう語る。

「太っちょの体を見て、ドラえもんみたいだな、と。ニコッと笑った顔を見て、親しみが持てる感じで、いいなぁと思いました。ヘンにイケメンとか来たら、『お母さんは騙されている』と思ったかもしれないけど、そうじゃなかったし。将来自分のお父さんになる人が、いかにも男くさい人だったらどうしようと思っていたので――。あまり男として見なくていいような、ほんわかとした感じの人だったから、受け入れられたのかも。お母さんから、歳が20歳離れていると聞いていたけれど、すごく若く見えるのもビックリでした。20歳離れているようには、見えなかったですね」

一方、30代になっていた雄介さんの息子は、昔は婚活を応援すると言っていたのに、いざ具体的な相手が登場すると難色を示すようになった。

「僕が死んだら、家も土地も半分、七海のものになる。それが嫌だと言うんです。だから息子には、『じゃあ自分は家を出る。この家と土地はおまえにやるから』と、潔く言いました」

司法書士にお願いして遺言公正証書をつくり、土地と家はすべて息子に譲ることになった。そのかわり生命保険の受取人は七海さんに替え、残った預貯金も七海さんのものとする、とした。ところがそれでも、息子は納得しなかった。もし雄介さんが亡くなった後、七海さんに遺留分請求を起こされたら、家や土地を売らなくてはいけなくなるかもしれない。そうならないようにしてほしいというのが、息子の言い分だった。もしかしたら息子さんには、母親と暮らした思い出の地を大事にしたいという思いがあったのかもしれない。

法的な点をすべて息子が納得する形にしたうえで、雄介さんと七海さんは正式に結婚。ようやく親子のわだかまりは解消し、七海さんも義理の息子家族とごく普通につきあっている。

義理の孫の世話にてんやわんや

雄介さんと七海さんにとって思わぬ誤算だったのは、2人だけの生活が送れないことだった。そのあたりの事情を、真紀さんはこう語る。

「お母さんが結婚してから、2人きりで新婚生活を送らせてあげようと思ってお姉ちゃんと2人で暮らしていたんですけど、お父さんの印象がすごくよかったから、新しい家にお姉ちゃんと私が乗り込んだんです（笑）。そうしたら、お父さんがつくる料理がお母さんの料理よりずっとおいしいのでびっくりしました」

真紀さんは看護学校に入学した後、結婚・出産で一時休学。その後、離婚して実家に戻り、一家は真紀さんの子どもを保育園に入れやすい場所に引っ越した。真紀さんのお姉さんは別に暮らすようになり、今度は赤ん坊も入れて4人の暮らしが始まった。70歳を過ぎた雄介さんにしてみれば、なにかとお金はかかるし、孫の面倒はみなくてはいけない。しかも料理はいつの間にか雄介さんの担当になり、家のここが不便だというとそそくさと大工仕事も始めるなど、役割は増える一方だ。

「僕も保育園の送り迎えを手伝っています。孫は体重が10キロもあるから、抱っこしても重たいんです。何か気に入らないことがあると、イナバウアーみたいに反り返るので、疲れる、疲れる。じじぃはヘトヘトですよ」

そう雄介さんが笑いながら言うと、七海さんは「私は2人っきりで、ベタベタしたかったんですけどね。なんか理想の晩年の夫婦生活から、ちょっと離れている気がします。まさか彼も結婚前は、大人になった娘や、孫たちの面倒をみるつもりなんか、さらさらなかったでしょうし」

そんな2人について、真紀さんはこう言う。

「お母さん、結婚してからなんかキャピキャピして、ますますかわいくなりました。あんなに何もかもお父さんにやってもらって大丈夫なのかなと、ちょっと心配になりますが、お父さんも楽しそうだし。……って、子どもの面倒をみてもらっている私が言うのも、なんですよねぇ（笑）。

母たちは将来、郊外で2人だけで暮らしたいと話しているので、実現させてあげたいですね。そのためにも早く看護師になって、お姉ちゃんと子どもと3人で暮らそうと思っています。私は末っ子であまりよくわからなかったけど、姉は親たちを見て、ぜったいに結婚はしたくないと考えるようになったみたいです。私も結婚はもういいから、お姉ちゃんと生きていこうかな」

お母さんがいい人と結婚してくれて、本当によかった。雄介さんには心から感謝していると、真紀さんは何度も感謝の言葉を繰り返していた。

いくつかのケースを見てくると、婚活が長引く理由はそれぞれだ。高齢の親や未成年の子どもがいる場合、せっかく出会いがあっても、結婚のタイミングをのがしてしまうこともある。

婚活が長引くと、この先、自分にはもういい出会いが訪れないのではないかと諦めモードに入ったり、焦りや不安から落ち込んだりする人もいる。しかし16年の婚活の末、20

歳下の女性と新たな生活をスタートさせた雄介さんのような例もある。モチベーションを持ち続け、常に前向きな気持ちでいることが、結局は縁を呼び込むポイントのようだ。

第4章 子どもがほしいシニア男性たち

財産は実子に相続させたい

資産家のシングル・シニア男性のなかには、実子に財産を継がせたいという理由で婚活を始める人もいる。

自分の死後、ほとんどつきあいのなかった親戚が財産を相続するのは、なんとも納得がいかない。まして身内がいないせいで、築き上げた財産が国庫に納められたりしようものなら、今までの自分の人生はなんだったのかという虚無感を抱いてしまう。だったらなんとしてでも実子をもうけ、自分のＤＮＡを持った子どもに財産を残したい。そう考えるのは、ある意味でオスとしての本能なのかもしれない。

この場合、子どもを得ることが目的なので、相手の女性の年齢は上限35歳、若ければ若いほどいいということになる。一般的なシニア向け結婚相談所では、相手もシニア層になるため、条件に合致しない。そこで結婚相談所のなかには、そういった特殊なケースに応じているところもある。

約40歳年下の女性と結婚した資産家シニア

たとえばM'sブライダル・ジャパンでは、第1章で紹介した3つのコース以外に、ホームページには載せていないVIPコースがあり、子どもがほしいシニア男性に個別に対応している。具体的には、どんな方がこのコースを利用しているのか。代表取締役CEOの宮崎央至さんにうかがってみた。

「資産何十億という男性もいらっしゃいますので、それだけ資産があれば、年齢差があってもかまわないという女性はいます。先日も、お母様に連れられて入会した32歳の女性がいて、お母様は『将来生まれてくる子どもの教育費や生活費などに相応の気配りをしてくれる男性なら、娘の相手として60歳の男性でもかまわない』とおっしゃる。近々、東京の六本木に不動産を所有している60代の男性と、お見合いすることになっています」

ちなみにその60代の男性は、父親の会社を継いだ後、M&Aで会社を大きくし、成功して財を成したという。子どもを産める年齢の人ということで宮崎さんは相談を受け、すでに何人かの女性とお見合いをセッティングしたものの、まだ結婚には至っていない。

ＶＩＰコースの入会金は、年収の２・５％が基準。年収８０００万円だとしたら、入会金は２００万円ということになる。成婚料も同額で、お見合い料金は1回５万円だ。過去にはＭ'ｓブライダル・ジャパンの仲介で、70歳近くの資産家男性と30歳の女性が結婚したケースもあった。

「最初、女性のご両親は結婚詐欺ではないかと疑ったようですが、きちんとお話をして、親御さんも納得されました。そんなふうに、著名人や資産家でお子さんがほしいから若い女性と結婚したいという方が、毎月数名は相談にみえます」

かたや若い女性に自分の子どもを産んでもらいたい男性がおり、かたや資産のある男性と結婚したいという野望を持っている女性がいる。いわば、需要と供給の一致ということだろう。

外国人女性との婚活という選択

桁外れな資産家の場合は、たとえ40歳離れていても、結婚してもいいという日本人女性は少なからずいるのかもしれない。しかし、子どもがほしくて婚活をしてきたものの、日本人女性ではなかなか相手を見つけることが困難な人も多くいる。そんなシニア男性たちにとって活路となっているのが、国際結婚だ。

外国人女性との婚活でよく知られているのが、1980年代半ばに始まった、過疎化に悩む農村での国際結婚だろう。結婚難の農業従事者が多い地域で、行政や農協が結婚相談業者と提携して行う、フィリピンでのお見合いツアーが盛んになった。90年代半ばからは中国人女性や韓国人女性など、フィリピン人女性以外にも対象が広がった。

しかしこうした第一次産業の〝嫁〟とは違った意味合いで、外国人との婚活を実践するシニア男性たちがいる。

国際結婚の仲介を行う結婚相談所が多く加盟する、ブライダルアライアンス幹部の佐藤一男さん（仮名）によると、最近はある程度の年齢まで独身で来た資産家の男性が、実子に財産を相続させたいという理由で相談に来るケースが増えているという。

「シニアの単身男性の方は、同世代の知人や友人が病気になったり亡くなったりすると、危機感を抱くようです。だいたい50代に入ってからでしょうか。定年も近くなり1人ではなにかと不安がつきまとうからです。もし自分が死んだらどうなるのか、お墓も誰が守ってくれるんだろうと焦り出す。とくに不動産など財産を持っている場合、子どもを産んでくれる女性を切実に求める方がけっこういます。

そこで、私どものような団体に駆け込んでくるので、加盟店である国際結婚に実績のある結婚相談所を紹介しております。皆さんお子さんを産んでもらいたいので、35歳までの女性を希望してきます。なかには絶対に20代じゃなきゃダメだと言い張る男性もいます」

女性側に資産状況を知らせない理由

ブライダルアライアンスで紹介している結婚相談所の国別会員としては、中国、台湾、香港、韓国、タイ、ベトナム、フィリピン、ミャンマー、カンボジア、ラオス、モンゴル、インド、スリランカ、カザフスタン、ウズベキスタンなどの東南アジアや南アジア、中央アジアの女性が中心で、中東、東ヨーロッパ・ロシア、ウクライナ、西ヨーロッパ・フランス、イタリアの女性も対象にしている。

日本との経済格差がある国の場合、国の家族に仕送りをすると親孝行ができるので、それが理由で日本人と結婚したいという女性はかなりいる。また、働かない、浮気をする、アルコールに依存する人や暴力をふるう人が多いなどの理由で、自国の男性が嫌いという女性も少なくない。

以前はいわゆるお見合いツアーを実施していたが、ツアーだと人気のある女性を奪いあったり男性同士でけん制しあったりすることがあり、現在は、男性1名に対し複数の女性とのお見合いのみ。各国の現地スタッフがお見合いに参加する条件に合う女性を募集し、男性は日本から現地に行き、お見合いが成功したら後日現地で結婚式を挙げるケースが多い。

お見合いに参加する女性に関しては、スタッフが面談をして人となりを確認するとともに、借金を抱えていないか入念にチェックする。また、女性側に日本人男性の資産状況や年収などは教えない。知らせると、財産目当てになってしまうおそれがあるからだ。

「海外までお見合いに出かけた方は、ほぼ成婚しています。やはり時間もお金も使って海外にまで出向いた以上、手ぶらで帰りたくはない、という心理が働くのでしょう。それにたいていのシニア男性は、若い女性を目の前にすると、気持ちが高揚して結婚に前向きになるようです」

出身国によって違う成婚料

お見合い相手として人気が高いのは、中国、タイ、ベトナム、ウズベキスタンの女性だという。やさしくて従順だというイメージを抱いている人が多いのだろう。また、顔立ちが比較的日本人に近いため、あまり周囲から浮かないという理由で希望する人も多い。顔立ちが似ているし漢字を理解するという理由で、中国人を望む人もいる。

フィリピンパブ全盛期に通った経験のある男性のなかには、フィリピン人限定という人もいる。また、碧眼《へきがん》金髪の女性を望む男性もおり、そういう場合は主にロシア系や東ヨーロッパの女性などとのお見合いを設定する。

「外国人女性は、日本人よりも信心深く、仏教徒、キリスト教徒、イスラム教徒の場合が多いので、お見合い前に確認しておくのも重要なポイントです。

日本人になじみの深い仏教徒の女性を望む男性が多いですが、愛があれば国境、宗教、言葉を超えられるケースがほとんどです」

佐藤さんによれば、最近、インドやスリランカの女性の人気が高まっているという。その理由のひとつが、これらの国では一度結婚したからには離婚することは恥だという価値観がまだまだ根強いため、辛抱強いという点だ。たとえ文化の違いや夫との関係で悩んだとしても、離婚に至るケースが少ないそうだ。

成婚料は相手の国によっても違い、100万円から300万円の間。これには相手への結納金も含まれている（スリランカのように結納金が不要な国もある）。お見合い旅行や結納式、結婚式などで現地に行くための旅費は、別途支払う必要がある。成婚料が高いのは、現地スタッフの人件費や、大使館や弁護士への費用、お見合い設定の手数料、また外務省・法務省など各省庁での申請業務や書類の翻訳認証などの手続きがかなり煩雑なので、そのサポートのための料金なども含まれるからだという。

今まで成婚した中で一番年齢差があったのが、70歳男性と30歳女性の組み合わせ。ただしその人は子どもをつくる前に脳梗塞になり、新婚の妻は介護を余儀なくされた。一日も早く子どもがほしいからとバイアグラを使う人もいるので、がんばりすぎて循環器に負担がかかったのかもしれないと佐藤さんは言う。

着物で結婚写真。
提供：ブライダルアライアンス

ケース1 難病を抱えながらも30代スリランカ人と成婚

実際にはどんな人が国際結婚を望んでいるのだろうか。

投資家の山口耕介さん（59歳）は、あえて「子どもを産んだ経験がある人」という条件で相手を探した。そのほうが、子どもができやすいだろうという判断からだ。

耕介さんはクローン病という難病を抱えており、3日に1度は病院に通う生活をしている。資産は相当持っているが、ほぼすべての結婚相談所が難病を理由に受け入れ困難な状況だった。だがブライダルアライアンス加盟の「ガーデンマリッジ」で、国際結婚へと踏み出すきっかけを得た。

タイとスリランカで総勢20名くらいとお見合いをしたが、クローン病と知って断る女性もかなりいた。お相手として決まったのは、30代前半のスリランカ人女性。離婚歴があり、結婚前は看護師として働いていたので、その経歴も耕介さんは気に入った。子どもが1人おり、その子は母国で女性の母親が面倒をみることになった。

妻となった女性の唯一の望みは、着物を着て結婚写真を撮ること。ホテルで貸衣装を借りて撮った写真は、スリランカのお母さんにも送ったそうだ。彼女はその後、人工授精で妊娠。この5月に無事に元気な男の子を出産した。

ケース2 国際結婚のお見合いに期待を寄せる女性不信の外科医

目下、国際結婚のお見合いをしようかどうしようか迷っているのが、年収約5000万円の、外科医の佐野惣一さん（57歳）だ。婚活市場で最も人気がある職業についており、年収が高いのに、今まで結婚したことがない。理由は本人によると、忙しすぎたから。また、婚活サイトやお見合い、あるいはたまたま知り合った女性も、みんな自分の職業と年収目当てで近づいてきたのではないかと疑心暗鬼になってしまうからだという。

そんなこんなで女性不信に陥っているという惣一さん。とはいえ自分が働いて得た財産はぜひ実子に相続させたいので、外国人を対象に婚活してみようかと考えるようになった。資産や年収を明かさないという条件で婚活できるので、むしろ安心できるというのが理由だが、身内は反対しているという。

もしかして妹たちは、このまま自分が独身なら将来財産を相続できると考え、結婚に反対しているのではないか。最近はそんなふうに、身内に対しても疑心暗鬼になっているという惣一さん。これも持てる者ゆえの悩みなのかもしれない。

外国人の場合、嫁姑の問題が起きにくいというのも、国際結婚相談所のセールストークのひとつだ。言葉があまり通じないのでもめようもないし、姑にすれば嫁の年齢が息子よりずっと若いので、孫を相手にしているような感覚もある。また、もともと日本の食生活を知らないので、料理を教えても素直にゼロから覚えてくれる。そのため男性にしてみれば、「お母さんの味」をそのまま味わえる、というわけだ。

男性にとってずいぶん都合のいい話のように思えるが、女性は女性で日本人男性の経済力を当てにしているわけだから、利害が一致していると考えるべきなのか。いずれにせよ、子どもを産める年代の日本人女性との結婚が望めない資産家シニア男性にとっては、国際結婚というのは選択肢のひとつになりつつあるようだ。

ケース3 スタッフ総出で男性の汚部屋を片づけ

では具体的に、どのようにして婚活が行われ、結婚に至るのか。実際に結婚に至った横田直道さんの例を見てみよう。

・横田直道さん（64歳）初婚
・タナポーンさん（29歳）タイ人　初婚

直道さんは茨城県でアパート経営をしており、安定した家賃収入がある。40代後半から結婚相談所などで20年近く婚活をしていたが、無口でコミュニケーションが苦手なこともあり、お見合いでも婚活パーティでもマッチングに至らなかった。

最初は外国人との結婚に抵抗があったが、さすがに60代になり気持ちが焦り、最後のチャンスのつもりでタイに行って、6人とお見合いをした。そのなかの1人がタナポーンさんだった。

タナポーンさんはタイ北部で、公務員として勤務している。父親を早くに亡くし、母親に孝行するため、働いて貯めたお金でアパートも購入した。日本人のシニア男性とのお見合いを決心したのは、バンコクなどの都市部と違い結婚年齢が20歳前後と早い地方において、29歳というのは〝行き遅れ〟感があること。そして、まわりを見ているとあまり働かない男性が多いので、同国人と結婚するのが不安だったこと。また、自分の父親を早く亡くしたので、年上の男性に心惹かれる、といった点も理由だという。

現地で婚約をすませた後、ブライダルアライアンスの紹介で、加盟するリフォーム会社のスタッフが直道さんの家の片づけに着手した。ものを捨てることができず、足の踏み場もない状態だったので、「このままでは彼女はすぐに離婚して国に帰ってしまう」と説得し、直道さんも片づけることを納得した。

廃棄した不用品は、実に軽トラック6台分。部屋はリフォームし、家具やカーテンなどはスタッフが店に同行して女性が好みそうなものを購入し、タナポーンさんを迎える準備をした。また直道さんは長年偏った食生活をしていたため、健康面にやや問題があったので、栄養士を紹介して食生活も指導した。

片付け後の部屋
提供：ブライダルアライアンス

片付け前の部屋

「最初はケチで偏屈な印象でしたが、結婚が決まったころから、雰囲気が少しずつ変わっていきました。食生活にも気をつけるようになりましたし、多少きれい好きにもなってきた。新しく買った絨毯《じゅうたん》も、『彼女が来る日まで汚したくないから裏返しておく』と言っていましたし、ベッドも彼女が来るまで使わなかったそうです」と佐藤さん。それまでゴミ屋敷状態だったのは、長年の孤独な生活からくる精神的な問題も原因のひとつではないかと推測している。

妻のＷｉ－Ｆｉ料金に怒り、仕返しに米を隠す

現地での結婚式は、新婦の親族や仕事仲間など２００名以上が参加する盛大なものだった。

タイでの結婚式。
提供：ブライダルアライアンス

写真を見ると、結婚式の服装も現地スタイルだ。タイ風の白い礼服を着て首にランの花輪をかけた直道さんは、うれしさと緊張が入り混じったような表情をしている。

タナポーンさんが来日して新婚生活が始まると、さっそく小さなトラブルが勃発した。タナポーンさんがＷｉ－Ｆｉを使いすぎてお金がかかるという理由で、直道さんがお米を隠してしまったのだ。妻からの訴えでスタッフが横田家を訪れ、「そんなことをしてはだめですよ。奥さん、タイに逃げ帰ってしまいますよ」と丁寧に諭すと、理解してくれたそうだ。

「横田さんの場合、60過ぎまで結婚できなかったのは、たぶん性格にかなり偏りがあるからでしょう。奥さんはがんばってみると言っているので、我々もしばらく見守りながら、必要があればサポートするつもりです」と佐藤さんは言う。

ケース4　30歳下の美女と2度目の国際結婚

・柳瀬良治さん（61歳）再婚
・チャンドゥリカさん（31歳）スリランカ人　再婚

名古屋のホテルのラウンジにジーンズ姿で現れた柳瀬良治さんは、61歳という年齢が信じられないほど、見た目が若々しい。お互いに挨拶をすませると、「実はまさにこのラウンジで、８ヶ月前、初めて彼女に会ったんです。写真を見た段階では好みのタイプではなかったので、あまり乗り気ではなかったんですが、実際に会ってみたら写真とはまったく違っていた。直感的に、『あっ、この人』と思いました」と、お見合い当日のことを語り始めた。

良治さんの妻となった女性は、スリランカ人のチャンドゥリカさん。現在配偶者ビザを申請中で、手続きが完了次第、日本にやってくる。

良治さんは40歳のとき、名古屋の飲み屋で知り合ったコロンビア人の女性と結婚したが、6年で離婚し、その後はずっと独身だった。

「前の結婚は家族から反対され、ほぼ勘当状態でした。とくに兄が強硬に反対した。ところがその兄が、僕が結婚して5年くらいで急死してしまったんです。81歳になる母を1人にしておけないし、とりあえず実家に帰ることにしたのですが、なんとか母を説得しようとしたものの、母には僕の奥さんを受け入れるつもりがない。奥さんも母との同居はぜったいにイヤだ、と――。それで仕方なく、慰謝料を渡して協議離婚しました。その人との間に、子どもはいませんでした」

その母もそれから2年後に他界し、不動産などの相当な額の資産はすべて良治さんが相続することになった。

「兄が生涯独身だったこともあって、僕には相続人が一人もいません。僕の死後、土地や建物などの資産はすべて国に取られることになるので、だったら全部使って遊んで暮らそうと思って。あちこち海外旅行に出かけていたんですが、旅行会社の人に何気なく『外国人を紹介してくれる結婚相談所はないかな』と言ったら、すぐに相談所を紹介してくれたんです」

そして、結婚相談所からお見合い候補として送られてきた写真のなかの1人が、チャンドゥリカさんだったわけだ。

彼女が仏教徒であることが安心材料に

チャンドゥリカさんは過去に関東在住の日本人と結婚していた時期があるが、夫のDVが原因で離婚した後、スリランカの実家に戻っていた。結婚期間中に日本語を覚え、帰国後も勉強を続けたことから、日常会話はほぼ問題ない。たまたま東京の知人を訪ねて来日している期間中にお見合いの段取りがつき、良治さんと会うことになった。

スリランカでの結婚式。
提供：ブライダルアライアンス

チャンドゥリカさんはプロフィールを見た段階では良治さんの年齢が気になったようだが、実際に会ってみて、この人なら、と思ったようだ。

8月にお見合いをし、9月にはスリランカのご両親に会いに行き、12月に現地で結納式。翌年2月に現地でスリランカ式の結婚式を挙げ、シンガポールに新婚旅行に出かけた。

彼女の実家は、大きな町から車で2時間くらいのジャングルのなかにある。父親は鉄工所を営み、かなり広い土地を所有しているが、家のまわりに道らしい道はない。最初に挨拶に行った際、あまりにも自然がダイナミックなので、良治さんはびっくりした。

「ジャングルのなかに家がポツリポツリとある集落で、猿やリス、象、牛とか、いろいろな動物が普通にそこいらにいるんですよ。電力も安定していないみたいで、ちょうど昨日も一日中停電していたと、電話で彼女が言っていました」

2人は毎日電話で話しており、これは通話記録を担当の行政書士に提出し申請することで、偽装結婚ではないことを証明しやすくなるからだ。国際結婚の場合、日本のビザが下りるのに、平均3ヶ月かかる。

「彼女のお父さんは、僕より4歳下です。お父さんは最初、年齢のことでかなり反対していたみたいですが、会いに行ったら僕を気にいってくれて、とんとん拍子に話が進みました」

ちなみに前の結婚では奥さんが20歳下で、今回は30歳下。「若い子が好きなんです」と、笑いながら率直に語ってくれた。

チャンドゥリカさんが仏教徒だったことも、安心できる要素のひとつだったという。柳瀬家は信仰心が厚く、毎晩、仏壇にお線香をあげるのが先祖代々の教えなのだ。前の結婚を家族に反対されたのも、相手がカトリック教徒という点が大きな理由だった。

同国人と結婚したくないどうしの2人

若々しいうえに資産家でもある良治さんは、日本国内でもかなりモテそうだ。離婚後、結婚に結びつく出会いはなかったのかと質問すると、「日本人と結婚するなら、財産を食いつぶすほうを選んだでしょうね」という答えが返ってきた。なぜそこまで極端な考えに至ったのかと聞くと、「若いころに、かなり手ひどい目にあった経験がありまして。とにかく、いい思いをしたことがないんです。それ以上詳しいことは、ちょっとご勘弁ください」と言葉を濁した。

一方のチャンドゥリカさんも、スリランカでは働かない男性やお酒を昼から飲んでいる人が多いという理由で、若いころから自国人とは結婚したくないと考えていた。また、日本での便利な生活や清潔な環境、治安のよさを知ってしまったので、再婚するなら日本人がいいと思っていたという。

結婚にあたっては、行政書士にお願いして婚前契約書を交わした。チャンドゥリカさんからは仕送りに関しての要求はとくになかったため、生活費のなかで仕送りしたければする、と記載されている。「東京に親しい同国人がいるので、2ヶ月に1度は東京に行かせてほしい」「子どもが産まれることを前提に、結婚して1年以内に禁煙してほしい」というのが、彼女からの要求だった。

「婚前契約書を一筆書いた翌日、クリニックの禁煙外来に行き、それ以来一切吸っていません。自分は、こうと決めたら曲げない性格なので」

チャンドゥリカさんから何度か確認されたのは、「私は本当に働かなくてもいいのですか？」という点だった。前の結婚の際は生活費をあまりもらえなかったため、外で働かざるをえなかったからだ。良治さんはむしろ家にいてもらいたいと考えているので、

「働く必要はない」と、はっきりと告げた。

一番の願いは子どもを授かること

「彼女とは運命の出会いだったと思います」という良治さんにとって、今、一番の願いは、子どもを授かることだ。1年間は自然に任せ、それで子どもができなかった場合は人工授精を試みる予定だ。

「やはり、うちの血筋を残したいですから。実は、石田純一さんから刺激を受けまして。石田さんは僕より年上ですし、理子さんは妻より上です。それでも子どもができるんだったら、ひょっとして自分も子孫を残せるかもしれないと希望が湧きました」（筆者注：石田純一さん64歳、東尾理子さん42歳のとき、第3子が誕生している）

良治さんは新生活の準備として、430万円かけて寝室と台所をリフォームした。今は彼女が来日する日を、心待ちにしている。

「彼女とは、楽しく暮らしていきたいですね。あちこち一緒に旅行にも行きたいですし。お見合いをへての国際結婚は、正直、かなりお金もかかります。でも、自分で納得して決めたことなので、万が一、離婚になったとしても後悔はないでしょう。それに僕は、ほかの文化に触れるのがけっこう楽しいんです。今までまったく縁がなかったシンハラ語もちょこっと覚え、結婚式のときはシンハラ語で挨拶しました」

チャンドゥリカさんは、来日したら日本の家庭料理を習い、日本語ももっと勉強したいと希望を述べている。前向きな2人なので、たぶん結婚生活はうまくいくだろう。

「向こうは自分の国を出て日本に来るわけですから、頼るのは僕しかいない。歳が離れていますし、本当にきちっと暮らせるのは20年くらいでしょう。だから、その間は充分に愛情を注いで、守ってあげたいなと思っています。前の結婚の話は聞いているので、日本人の男はそんな人ばかりではない、こういう日本人もいるんだと思ってもらいたい。日本人と結婚してよかったと思って、僕を見送ってほしいですね」

妻たちのSOS「毎晩求められるので勘弁してほしい」

ブライダルアライアンスの加盟店では、成婚後のフォローも行っている。というのも、国際結婚は言葉の障害や文化の違いなどさまざまな行き違いから、トラブルが起きやすいからだ。

具体的には、男性側、女性側双方からの相談を受け付けている。女性側は現地スタッフや通訳者を介し、LINEや電話で相談できるシステムとなっている。

男性からの相談で多いのは、「妻が何を言っているかわからない」という言葉の問題と、お金の問題だ。「親の具合が悪いから治療費を送りたい」と言っているけれど、それは本当かなど、仕送りに関する相談が多い。

女性からの相談は、「病院で自分の症状を伝えられない」など日本語についての悩みと、「毎晩求められるので勘弁してほしい」といった内容が多いという。男性はだいたい60代、70代だが、相手が若い女性ということで性欲が爆発してしまうのだろうか。「子どもがほしい」ということもあり過剰にセックスを求め、辟易した妻が耐え切れずSOSを出すようだ。

ケース1で紹介したスリランカ人の女性は、妊娠中、食生活に関する悩みをスタッフに相談してきた。夫はクローン病のせいもあって動物性たんぱく質を控えているし、そもそも食事には興味がなく、一日中パソコンを見ては株式投資に熱中している。お金に関してはシビアで、レシートも細かくチェックする。

スリランカではスライスした肉は売っておらず、通常、塊で買う。そういう文化的背景のある彼女としてはかなり遠慮して、スライスした肉を100グラム程度買ってきたところ、夫から『3日にわけて食べなさい』と言われたという。担当結婚相談所のスタッフは家まで行き、夫に「妊娠中はしっかり栄養を摂る必要があるし、ストレスをかけないよう、食事に関しては彼女の好きなようにさせたほうがいいですよ」とアドバイスした。

「一番危ないのは、来日して3ヶ月目くらいです。言葉も通じないし、友達もおらず、ホームシックになるんですね。そこを乗り越えて1年たつと、日常的な日本語を覚えるし、夫婦2人で通じる言葉もできてきます。言葉と地理を覚えると、たいていの女性は、日本が居心地よくなるようです」と佐藤さんは言う。

ブライダルアライアンスの理事・増田朱美さんは、「それまで日本人を相手に婚活をしてうまくいかなかった男性は、勘違いしている人も多いですね」と、なかなか手厳しい。

「『やっぱり日本人でないと言葉も気持ちも通じない』とおっしゃる方もいます。そういう方に、『じゃあ今まで婚活していた十数年間、日本人の女性と気持ちが通じていたんですか？』と聞き返すと、黙ってしまわれます。

相手を理解しようという気持ちがなければ、たとえ日本人どうしでも難しい。ましてや海外の方と結婚する場合は、お互いに文化が違うわけですから、相手をわかろうとする気持ちが大事なのではないでしょうか」

婚前契約の重要性

日本人のシニア男性と結婚しようと考える外国人女性は、基本的に経済的な安定を求めていると考えてよさそうだ。また、親孝行が目的の場合も少なくない。そのため結婚の条件として、「これだけの額の結納金がほしい」、あるいは「月にいくら実家への仕送りをしたい」と、具体的に金銭面での要求を提示する女性が多い。

こうしたお金にまつわる事案は、口約束ですませるとトラブルの元になる。そこで推奨されているのが、婚前契約書の作成だ。

たとえば毎月の送金額や月々のお小遣いの額、年に一度は里帰りを認めその費用はすべて夫が負担するといった金銭的なことはもちろん、家事の範囲など、できるだけ細かく決めておくことが勧められる。お互いに文化的背景が違うため、片方にとってあたりまえのことが、相手にとってはあたりまえではない場合もある。だからこそ事細かく明文化しておくことが、トラブル回避につながる。

実際に数組の国際結婚の婚前契約書づくりを担当したスタートライン行政書士事務所の横倉肇さんによると、よくある内容は次の通りだという。

「男性側からの要望は、子づくりに協力すること。家庭をきちんと守ること。年齢差があるので、病気になったり介護が必要になったりしたらそれを担うこと、といった内容が多いですね。女性側からは、生活費とは別にお小遣いが月にいくら。万が一離婚になった場合、ビザがなくなるし生活ができなくもなるので、永住権が取れるまでは法的には離婚しない。あるいは、離婚した後も一定の金銭的援助をする、といった内容もよくあります」

なかには、婚前契約書を作成するのをいやがる男性もいる。「契約」という言葉に過剰反応してしまうのか、「人身売買じゃあるまいし」というのが言い分だ。それは裏返せば、結婚そのものに若干のやましさを感じている、ということかもしれない。どう取り繕おうが、経済的な優位性を利用して若い外国人女性を嫁に迎えることには変わりはない。そのため男性側にも、なんとも微妙な感情があるのだろう。

第5章 シニア婚活が招いた親子の亀裂

シニア世代に多い3つの結婚形態

ここまで見てきたように、ひとくちに「シニア婚活」と言っても、シニアになってからの結婚に何を望むのか、人によってかなり違う。結婚に何を望むかがお互いに違えば、当然マッチングは難しくなる。とくにシニアの場合、離別・死別を問わず初婚ではない人が多いため、子どもや相続の問題でさらに条件が限定される。

60歳以上に多い結婚の形は、大きく次の3つに分類できる。

1. 同居し婚姻届を提出する法律婚。
2. 同居し婚姻届を提出しない事実婚。
3. お互いの家を行ったり来たりして、週末などを一緒に過ごす別居婚。法律婚はしている場合も、していない場合もある。

3の別居婚で籍も入れていない場合、はたしてその関係を「結婚」と呼んでいいのかどうかは迷うところだ。だがシニアの場合、あえてそういった関係を選ぶケースもある。

前の配偶者と死別・離別どちらの場合も、子ども家族と同居している場合は、そこに新たに配偶者を招き入れることは難しい。そこでワンルームマンションなどを借りて、週末だけ一緒に過ごすという形を取るカップルもいるが、年齢が高くなれば賃貸住宅を借りるのも難しくなる。

子どもたちが独立して出ていっている場合でも、慣れ親しんだ家を出て相手の家に住むことに抵抗を感じる人もいる。あるいは子どもたちの側が、自分が育った家に親の新たなパートナーが入ることをよしとしないケースもある。そういう場合は、別居婚という形を取らざるをえない。

法律婚を望まない理由

では、あえて法律婚を選ばないのは、どういうケースだろうか。理由を整理してみると、ほぼ次の3点に集約される。

①財産の問題

現在の遺産相続の制度だと、子どもがいる場合、配偶者の相続権は2分の1、子どもたちが残りの2分の1となる。シニア婚の場合、結婚してそう年数がたたないうちにどちらかが亡くなる可能性は、若い世代の結婚より当然高くなる。子どもたちの立場に立てば、晩年になって結婚した相手に自分たちの取り分を取られてしまう、という感覚が生じるのも致し方ない。それが結婚に反対する主たる理由となる場合もある。

また2018年の相続法改正では、「配偶者居住権」が創設された。これにより、たとえば夫が所有するマンションに夫婦で暮らしていた場合、夫が亡くなり、子どもたちが不動産の所有権を相続したとしても、妻は夫が所有していた家に住み続けることができる。子どもにしてみたら、不動産を売って現金化することもできない、ということになる。

こうした理由から、子どもたちを納得させる方法のひとつとして、入籍をしない関係を選ぶケースは少なくない。もちろんいずれのケースも、子どもたちが納得する遺言公正証書を作成すれば問題は回避できる。とはいえ事実婚のほうが子どもを説得しやすい、あるいは説得の必要が生じないと考える人が多いのも事実だ。

②夫と死別している

夫と死別している女性の場合、遺族年金をもらっているケースが多い。遺族年金とは、生計の担い手である被保険者が死亡した際、国民年金・厚生年金保険や各種共済組合などから一定の要件を満たす遺族に給付される年金のことだ。サラリーマンと専業主婦という家族形態が一般的だった時代、夫に先立たれた妻のなかには、かなりの額の遺族年金が支給されている人もいる。

ところが再婚すると遺族年金をもらえなくなり、自分の国民年金のみとなる。この差はかなり大きい。そこで夫と死別している女性のなかには、パートナーはほしいけれど、法律婚はしたくないという人もいる。

③子どもの反対

財産とは関係なく、何があっても親の結婚には反対だという子どももいる。それでも新たに出会った相手と生活を共にしたいと願う場合、法律婚は諦めるカップルもいる。

結婚相談所では「結婚」しなくてもいいのか

ここでひとつ疑問が湧く。結婚相談所とは、そもそも「結婚相手」をあっせんするところのはずだ。必ずしも法律婚を目的とせず、ただつきあう相手がほしいという人が交じっていると、トラブルにはならないのだろうか。茜会の立松清江さんに、そのあたりのことをうかがってみた。

「茜会も当初は、いわゆる戸籍上の結婚を目標にしていました。でもシニアになると、お子さまのこと、財産のことなどさまざまな事情があります。そういった事情やしがらみを加味すると、必ずしも入籍婚にこだわらないというのが、今のシニア婚活のスタイルです。入籍婚を希望している方もいれば、入籍は望まずパートナーを探している方もいらっしゃいます」

だがお互いの要望が違うと、トラブルの元になる。そこで入会時に、「入籍を希望する」「入籍は希望しない」「今は決められないが相手次第で考える」の3通りから、自分のスタンスを選んでもらっているそうだ。

「ただ、お相手が見つかっておつきあいをしていくなかで、入籍は考えていないとお答えだった方が、この方だったらということでご家族にも相談し、賛成してもらって入籍を選んだケースもあります」

どういう形を取るかを含めて、茜会では、早急に結論を出すことは勧めていない。

「年配になってからの出会いなので、もうあまり時間がないと、気持ちが焦っている方もおられます。でも答えを急ぎすぎると、うまくいかないケースがよくあるんです。一番多いのは、ご家族の反対です。ある日突然『この人と結婚します』と言ったら、お子さんはびっくりしますよね。時間をかけて相手を見極め、ご家族の理解も得たうえで次のステップに進んでいただきたいというのが、私どものスタンスです。

また、年配になってからの結婚は、長い期間、まったく異なるライフスタイルを営んでこられたお2人、ということになります。ですからいきなり同居というのも、なかなか難しいのが現実です。そこでお互いに行ったり来たり、通うスタイルを取る方もいらっしゃいます。あるいは同居はするけれど、籍はあえて入れず、まずは様子を見る。家族の理解が得られたら入籍も考えるけれど、財産の問題やお子さまに遠慮して、籍を入れない方も少なくありません」

次に紹介するカップルも、茜会で出会い、お互いに経済的に自立していることと子どもの心情を考慮して、事実婚という形を選択した。

ケース1 事実婚を選択した73歳&77歳カップル

・森村信二さん（73歳）再々婚
・山口直美さん（77歳）再婚

信二さんはタートルネックのセーターにジーンズという若々しいファッションがよく似合い、直美さんは動作がきびきびしていてキレがよく、闊達《かったつ》な雰囲気だ。2人は茜会の婚活パーティで出会い、交際を始めて8ヶ月後に、神奈川県の湘南エリアで同居を開始。現在、同居を始めて1年が経過している。

信二さんの最初の結婚は、25年で破局。2人子どもがいたが、離婚と同時に縁が切れ、それ以降会っていない。離婚後1年たって、2人の子どもがいる女性と再婚したが、20年間の結婚生活の後、再び離婚した。2回目の離婚は、妻が信二さんには内緒で子どもや孫のために財産を切り崩していたことが原因だった。

「2回目の離婚をした時点で、すでに僕は70歳を過ぎていました。若いころの1年と、歳がいってからの1年は違います。若いころの10年が、この歳の1年に相当する。一日一日がすごく大事なので、即、茜会に入会しました」

定年後の移住がきっかけでうつになった元夫

一方の直美さんは、結婚して45年たった64歳のときに離婚を決意する。原因は夫のDVだった。

直美さんは3人の子どもが小さい間は専業主婦だったが、35歳で大企業に正社員として再就職した。夫は世代的にモラハラぎみのところがあったうえ、若いころから浮気を繰り返していたが、日々忙しさに追われていたことと3人の子どものため、直美さんは我慢してやり過ごしてきた。

最初に「離婚」の2文字が頭をよぎったのは55歳のときだ。子どもたちも成人したし、この先の人生を考え、もうこれ以上我慢しなくてもいいのではないかと考えた。そこで夫に「離婚したい」と告げたが、何度か話し合った結果、せっかくいろいろなことを乗り越えてここまで来たのだから壊すのはもったいないという気持ちが勝ち、結局離婚には至らなかった。

定年になったら環境のいいところに引っ越し、2人でやり直そう。それが夫婦の約束だった。そこで自宅を売り、千葉県の海岸沿いのリゾート別荘地に家を購入。余剰金で横浜の便利な場所に、マンションも確保しておいた。

「その時点で夫には、つきあっている女性がいました。私が『その人と別れられる?』と聞いたら、『別れる』と。きっぱりと別れるという条件で、千葉に引っ越したんです。子どもたちは、都会を離れるのはイヤだと大反対でした。長女はすでに結婚していましたが、当時は次女、三女はまだ独身でしたから」

移住して3年目ごろから、夫の様子がおかしくなった。引っ越した当初は家庭菜園を試みたりしていたものの、もともと土いじりが好きなわけではない。それまで典型的な猛烈サラリーマンだった夫は、定年でやることがなくなったせいか、徐々に精神の安定を欠いていった。一方直美さんは、定年まで家事、子育て、仕事とフル回転し、やっと自分の時間ができたので、友達と出かけたり社交ダンスを習ったりと、それまでできなかったことをおおいに楽しんだ。

そのうち夫が暴力をふるうようになり、直美さんは些細なことで殴られたり、襟首を掴まれ壁にぶつけられたりするようになった。そうこうしているうちに次女、三女とも結婚し、独立していく。

娘たちは父親の様子が心配だったようで、うつ病のセルフ・チェックシートを持ってきて、聞き取りながら書き込んでくれた。疑わしい結果が出たため、娘たちが病院に連れていったところ、うつ病と診断される。ところが本人はそんなはずはないと言い張り、処方された薬も飲まなかった。

「その別荘地はうちみたいな定年移住組がけっこう多かったのですが、田舎だから娯楽もなく、うつになっている男の人が多かったですね。夫のＤＶは、どんどんひどくなっていきました。それで64歳のときに、立ち止まって考えたんです。このまま余生を送るのは、つらすぎる。一度しか生きられないのなら、この先、もっと楽しい人生を送りたい、と」

正社員で働いてきたので、退職金も年金もそれなりにある。シミュレーションした結果、離婚しても1人でやっていけると判断した。

「その前からことあるごとに、『おまえとはやっていけない。離婚だ』と夫から言われていました。夫が本気で離婚するつもりではないのはわかっていたので、私はそのたびに、『離婚してほかの人と一緒になっても、きっと同じだよ』と説得していたんです。でもある日、もう限界だと思って。離婚届やその他必要な書類を揃えておいて、次に『もうおまえとはダメだ。離婚だ』と言われたとき、『そうですか。じゃあ、そうしましょう』と離婚届を目の前に出したのです。夫はびっくりして、固まっていました」

女性は離婚を決意するまでは悶々と悩むけれど、決めたら揺るがないものだ。直美さんは荷物を横浜のマンションに運び、家を出ていった。慰謝料はゼロ。千葉の家は夫のものに、横浜のマンションは直美さんのものになった。

価値観が合ったことがお互いの決め手に

離婚後は女友達との旅行や観劇、ランチ、ダンスのレッスン、発表会と、シングルライフを満喫。姉妹で協力し、母親の介護にも携わった。離婚後数年は、男の人とつきあいたいという気持ちはまったくなかった。それより、やっと自由になれたという喜びのほうが大きかったという。

気持ちの変化が訪れたきっかけは、かつて同じ会社で働いていた同世代の友人が婚活を始めたことだった。

「彼女は離婚して20年くらいでしたが、1人では寂しいと言うようになって。1人のまま人生を終えるのは嫌だと、婚活パーティに参加したのです。そのとき彼女は68歳でしたが、すぐに出会いがあって交際を始めました。すると、彼とどこに行ってきた、あそこで食事したと、すごく楽しそうでイキイキしているんです。見た目も若返りました。そんな彼女の様子を見て、だんだん取り残されたような気分になり、私も婚活をしてみようかなという気持ちになりました」

茜会に入会したのは73歳のとき。2年間、これといった相手とは出会えなかった。同世代の男性は、直美さんからは〝おじいさん〟に見えてしまう人が多い。かといって相手が60代だと、年齢に差がありすぎて引け目を感じてしまう。時間の無駄だし、もし今回これといった人がいなかったら退会しようと思って参加した最後のパーティで出会ったのが信二さんだった。

パーティの場で連絡先を交換したものの、信二さんからしばらく連絡はなかった。パーティの様子から、〝信二さん狙い〟の女性が大勢いたのを知っている直美さん。自分は4歳上だし、モテる男性みたいだから無理だろうと半ば諦めていた。

連絡があったのは10日後。「1回は会ってみようと思って」と言われ、うきうきしながら出かけた直美さんは、「この人を逃したらほかに自分に合う人はいない」と感じたという。一方の信二さんは、何が決め手となったのだろう。

「抽象的な言い方ですが、やはり価値観が合ったという言葉が適当かなと思います。すんなり入っていけるというか、この人となら波長が合うだろうなと感じました」

信二さんは、プールで3000メートル泳ぐのが日課。一方、直美さんもダンスのために体幹を鍛えるトレーニングをするなど、体のメンテナンスには気をつかっている。スポーツを生活に取り入れていることや、親の介護に積極的に取り組んでいるなど、生活に対する感覚に共通する点が多かったという。

実は信二さんは、婚活パーティで知り合ったほかの女性とも交際しかけていた。

「きれいな方みたいです。それなのに私を選んでくれたので、すごくうれしかったです」と直美さん。同居を始めるまでに8ヶ月かかったのは、マンションのリフォームをしたから。それが同居にあたっての直美さんの希望だった。

「交際を続けるなら、もう孫とは会わせない」

直美さんにとって予想外だったのが、次女と三女の反対だった。パートナーを見つけたので結婚も視野に入れて交際を始めたと話したら、激しい喧嘩になったという。

「52歳になる長女は、彼との出会いを大歓迎してくれました。でも下の2人は、『いい歳をして男をつくるなんて恥ずかしい』と、すごい剣幕でした。『おばあちゃんに男の人ができたなんて、子どもたちには言えない。だからもし交際を続けるなら、もう孫とは会わせない』と言うんです。　孫は、次女のところは成人した子が2人、三女のほうが小学生2人です」

直美さんは離婚をする際も、子どもたちには相談せず、自分で決めた。夫婦は、もともとは他人だ。9年間の葛藤の末、考えに考えたうえで離婚を決めたのだから、それまでの関係をリセットして次の人生に向かっていくのは自然なことだろう。しかし子どもたちにとっては、やはり父親は血がつながった存在だ。「お父さんはうつになって1人でつらい思いをしているのに、自分だけそんな勝手なことをするなんて認められない」というのが、次女、三女の言い分だという。

もしかしたら両親が離婚をした時点で、この先、父親の面倒を自分たちがみなくてはいけなくなるという不安もあったのかもしれない。だから余計、母親は新しい男をつくって自分勝手に生きていると、非難したくなったとも考えられる。

「私は、『今はあなたたちも幸せだからいいけれど、人生、この先何があるかわからない。ママの歳になったら、ママの気持ちがわかるから』と言いました。でも、聞く耳を持たないんです。それっきり、次女と三女とは会っていません」

子どもには子どもの世界があるし、切り離して、今は彼と幸せになることだけを考えたいという直美さん。

「お互いもう歳だから、この先、どのくらい一緒にいられるかわかりません。ですから、これからの自分の人生を考えるほうが大事です。子どもたちは、それぞれ家庭を持って幸せにやっているのだから、それでいいかな、と思っています」

お金は生前に使い切るのが子どものため

直美さんの子どもが結婚を認めてくれないし、双方不動産を所有しているという事情もあり、2人は法律婚はせずに事実婚を選ぶことにした。一緒に暮らし始めるときには、お互いに秘密はやめようという約束を交わした。

経済的にお互いに自立しているので、家計はお金を出し合い、出納簿をつけて明朗会計にしている。お金は残さず生前に使い切ろうというのも、2人の共通の考えだ。残すといろいろ問題が起きがちだし、子どもたちの自立心のためにも、ゼロの状態で終わるのが理想的だという点で一致している。

スポーティブなお2人は、毎日ジムに通い、ときには自転車で海に行ったり一泊で釣り旅行に行ったりと、生活をエンジョイしている。ただ双方とも介護を抱えているため、長期の旅行には行けない。目下101歳になる信二さんのお母さん、80歳になる直美さんのお姉さんはそれぞれ施設で暮らしており、どちらの施設にも週に1、2回ずつ、2人で一緒に訪問している。

「ご先祖様にも報告に行きました」と信二さん。「彼女が行こうと言ってくれたので、久々にお墓参りに出かけたんです。この歳でパートナーができたことを、きっとご先祖様もびっくりしているんじゃないでしょうか。車でしたので、母も連れて行ったんですよ」

大事にしているのはスキンシップ。外を歩くときも手をつなぎ、お風呂も一緒。セミダブルのベッドで、毎晩手をつないで寝ているそうだ。

「夫と離婚して1人になってからは、シングルライフを楽しんでいた一方で、ダンスのレッスンから真っ暗なマンションに帰ってくると落ち込むことがありました。正直、これから先1人でどうしようと、不安になることもあったんです。今は、家に帰ると彼がいます。

1人のときは食事がぞんざいになることもありましたが、今は彼のために食事をつくるのは楽しいし、少しでもおいしいものをつくりたいという気持ちになります。ジムから一緒に帰ってきて、つまみをつくって晩酌する時間が本当に楽しい。離婚してそれなりに楽しくやっていましたが、パートナーがいる幸せはぜんぜん違います」

2人の間でよく話題になるのが、「残された時間」についてだ。同年代の人たちの訃報が増え、自分たちの残り時間も決して長くないと実感している。だからこそ一日一日がすごく大切だし、いつもフル回転で、今できることをし、今行きたいところに行くようにしているそうだ。

「1年後のことは考えない。どうなっているかわからないから」と信二さんが言うと、直美さんは相槌を打ち、「そう。今日と明日をいかに楽しく生きるか。それだけだよね」。

最後に直美さんは、「今つくづく思うのは、諦めてはいけない、ということです。人生、どこでどんなふうに変わるかわからない。いつまでも元気でいたいなら、行動を起こすことが大事です」と、語ってくれた。

ケース2 LINEで再婚を伝えてきた父

これまで見てきたように、シニア婚の場合、一番のネックが子どもの反対だ。子どもの側にしてみれば、親の再婚に反対する理由は、なにも相続が絡んでいるからだけではない。「いい歳をして恥ずかしい」と感じる人や、理屈ではなく感情の部分で親の再婚を受け入れられない人も少なくない。

父親が大手婚活サイトを利用して結婚したという緒方理紗さん（35歳）は、「父は条件的には相当いいほうだと思います。それだけに、どうしても相手の女性を信用できないのです」と、顔をくもらせる。理紗さんの父親である中丸義久さんは弁護士で、地位も年収も相当高い。そのため、その条件に女性が飛びついたのではないかという疑念を、どうしても払拭できないそうだ。

ある日理紗さんのもとに、LINEで「父は再婚します。つきましては相手の人に会ってもらえませんか」と連絡があった。まさに青天の霹靂《へきれき》だった。

父親の不倫が原因で両親が離婚したのは、父親が61歳、母親が53歳のときだ。相手の女性は子どもがいる人妻で、いわゆるダブル不倫だった。母親が夫の浮気に気づき、離婚を希望。父親はその女性とは別れ、離婚したくないと主張したが、結局1年くらいかけて協議離婚が成立した。

「父は、まさか専業主婦だった母から離婚を切り出されるとは思っていなかったようです。それで、離婚したことを後悔させてやるぞ、みたいな思考に至ったのかもしれません。たぶんその手段が、『すぐ再婚してやる』だったのでしょう」

離婚に際しては娘なりに父のことを心配し、あれこれ相談に乗っていたという理紗さん。父から頼まれれば、不倫相手への連絡など、嫌なこともすべて引き受けてきた。それなのに子どもたちになんの相談もなく結婚を決め、LINE1本で事後報告してきたことで、父親に対して憤りが湧いた。

悪夢のような顔合わせの夜

その一方で、やはり実の父のことなので、万が一とんでもない女性に引っかかっていたらどうしようと心配にもなる。そこで自分の目で相手の女性を確かめようと、会うことを承諾した。

「父から、大手結婚情報サービスの婚活サイトでお相手と知り合ったと聞いてびっくりしました。父の世代は、婚活サイトなど利用しないと思っていたので。しかも知り合ってまだ1ヶ月たっていないと聞いて、さらにびっくり。そんなにすぐに結婚を決めるなんてちょっとおかしいと、嫌な予感がしました」

相手の女性は義久さんより3歳下で、彼女の娘さんは理紗さんと近い年齢だった。4人で食卓を囲むことになったが、理紗さんにとっては「悪夢のような夜だった」という。

「相手の女性は真っ赤なドレスを着て、やたら押し出しが強く、派手な雰囲気の方。実業家だそうです。父もその女性も大酒を飲んで、浮かれて歌ったりして。その方、娘には父のことを『新しいお父さんよ』とか言っているみたいです。小さな子どもならまだしも、30過ぎの娘に対してちょっとヘンですよね」

その時点では、父親が幸せならそれでいいという気持ちと、相手の母子とは家族ぐるみのおつきあいはできないという気持ちが半々くらいだったという。そこでいろいろ考えたうえで、再婚したいのなら好きにすればいいけれど自分は距離を置かせてもらうと、父親にLINEで連絡した。

「ところが父は『義理のお母さんになる人になんてことを言うんだ』と、逆切れしたのです。それで、すごく腹が立ちました。私にはお母さんがいるし、なんでその人がいきなり義理のお母さんになるのか理解できない。しかも親の幸せを受け入れない親不孝もの、みたいに言われて。父との関係に明確に線を引こうと心に決めました」

それから理紗さんは、自分からは父親に連絡をとっていない。LINEや年賀状が来ても、一切返事をせずにいる。

不審なできごとの数々

理紗さんが父親の再婚相手に対して不信感を抱いたのには、いくつか理由がある。

「まず、相手がすごく入籍を急いだことです。そして入籍したとたん、父が所有していた物件を売りに出しています。しかも父の仕事関係の人から聞いたのですが、彼女は父の仕事にもかなり口を出しているみたいです」

仕事関係のパーティにやってきたその女性を見て、弁護士仲間も「あの人は大丈夫か」と、義久さんにずいぶん忠告したという。

「でも父はまわりから言われれば言われるほど、ムキになるというか——。60歳を過ぎているのにすぐ再婚できた自分を、まわりがやっかんでいる、と受け取ったみたいです。とにかく、言ったほうが悪者になる。だから父のなかでは、私も悪者になっています。もし再婚相手の連れ子を養女に入れていたら、将来、相続にもかかわってきます。でも私も働いているので、経済的に困っているわけではありません。将来、相続のことでもめたりしたら精神がすり減ってしまいます。財産を全部持っていかれてもいいので、もうかかわりたくない。正直、間接的にであっても、あの母と娘にかかわるのが怖いんです。もしこの先、父に何かよからぬことが起きて不幸になることがあっても、私は助けてあげられません」

シニア婚こそ、「家と家」の問題ではないのか

理紗さんは、決して感情的になりやすい女性ではない。むしろきわめて論理的で、理路整然と物事を考えるタイプだ。だから決して、何がなんでもシニア婚に反対している、というわけではない。

「会社の上司で、奥様が早くに亡くなられた方がいます。その方には新しい奥さんがいますが、前妻との間に子どもがいるので、相続のことを考えてあえて籍は入れないスタイルを取っています。賢明な方々だなと思います。そこへいくと父は……。

若いころの結婚には、これから子どもを産み育て、新たな家庭をつくっていくというビジョンがあるでしょう。一方、シニアになってから新たに結婚する場合、この先どういう家庭を構築していくのかを見極めるのは、けっこう難しい。近い将来の問題として、介護なども視野に入れなくてはいけません。知り合って1ヶ月で子どもにも知らせずに結婚を約束し、その1ヶ月後に勝手に入籍するというのは、やってはいけないことだと思います。もっとゆっくり時間をかけて見極め、子どもたちにも説明すべきではないでしょうか」

中丸家はどちらかというと保守的な家庭で、理紗さんは子どものころから、結婚は家と家の問題だと親から言われていた。日本国籍を持ったきちんとした家柄の人で、宗教なども見極めたうえでないと結婚は許さないというのが父親の口癖で、理紗さんは親が納得する相手と結婚している。

「シニアで結婚する際も家と家の問題は存在しているし、ちゃんと段階を踏んでしかるべきでしょう。それなのになぜシニアどうしだと、子どもは成人しているから当人どうしの問題だとか言い訳をして、大事なところを端折《はしょ》るのか。私には理解できません。むしろシニア婚こそ、家と家の問題が浮き彫りになるのではないでしょうか」

とはいえ、娘としては胸中複雑だ。

「実の娘からここまで拒絶されている。父も、失ったものが大きいはずです。それでも父が幸せなら、それでかまいません。やはり、不幸にはなってほしくないんです。そうならないようにと祈るほかありません」

第6章 トラブルを避けるために

シニア婚活ブームに影を落とした「後妻業殺人事件」

「後妻業殺人事件」として世間を震撼させたのが、筧《かけひ》千佐子被告による「近畿連続青酸死事件」だ。あの事件後、父親がシニア婚活をしていると聞くと、もしかしたら後妻業の女に引っかかるのではないかと警戒する子どもも増えたに違いない。

「後妻業」という言葉は、直木賞作家の黒川博行による同名の小説でよく知られるようになった。小説では、69歳の女性が結婚相談所の所長と結託して、財産を持っている後期高齢者の男性の後妻に入り、男性を殺して次々と財産を相続する。法律婚をしない場合は、内縁の妻という立場で相手に遺言公正証書をつくってもらい、財産を相続している。近畿連続青酸死事件はまさに小説を地で行くような事件だったこともあり、マスコミをにぎわし衆目を集めた。

まずは事件の概要を、ざっと振り返ってみる。連続殺人事件が明るみに出たのは、2013年12月。京都府向日市《むこう》の自宅で死亡した当時75歳の筧勇夫《いさお》さんの体内から、青酸化合物が発見されたのがきっかけだった。妻である千佐子の関与が疑われ、捜査の手が及ぶと、過去に彼女が結婚や交際していた高齢の男性が次々と死亡していたことが判明。その人数、ゆうに10人に達する。そのなかで、残された血液や胃の内容物から青酸化合物が検出された2名と、死亡時の診断記録等から青酸中毒死を疑われる2名について、千佐子は逮捕・起訴された。

2017年11月、京都地裁が死刑判決を言い渡し、弁護側は即日控訴した。2019年5月、大阪高等裁判所は控訴を棄却。弁護側はこれを不服とし、最高裁に上告した。

被害者の年齢はいずれも事件当時70代で、結婚相談所を通じて知り合っている。ちなみに千佐子は、逮捕されるまでに関西一円の20ヶ所以上の結婚相談所に登録していた。法律婚は計4回。夫の死亡、ないしは交際相手の死亡によって、不動産を含めてかなりの額の遺産を相続している。それを可能にしたのは、遺言公正証書の存在だ。

なぜ筧千佐子は怪しまれることなく、「後妻業」を続けられたのか。そのあたりの事情を、『全告白 後妻業の女』の著者であるノンフィクションライターの小野一光《いっこう》さんにうかがった。

プロの仲人たちにも見抜けなかった

疑問を感じたのは、約20ヶ所の結婚相談所に重複して登録していることで不審に思われなかったのか、という点だ。シニア婚活の取材をしていると、「提携している相談所との共有データ」という言葉をよく聞く。結婚相談所業界にはいくつかの業界団体があり、独自で活動しているところ以外は、たいていいずれかの団体に所属している。団体内でデータを共有することで紹介できる人の分母が増え、より充実したサービスを顧客に提供できるからだ。

筧千佐子が後妻業の対象となる高齢者を探していたのは、だいたい1998年ごろから2013年にかけてだと思われる。千佐子が登録していた複数の結婚相談所を取材した小野さんは、そのあたりの事情をこう説明する。

「当時はまだそれほど、会員情報がデータベース化されていなかったみたいです。しかも、結婚相談所で千佐子が提出した身上書を見せてもらうと、最初の夫の姓を使っていたり、身上書によってはペンネームに近い形になっていたりする。そういうわけで、当時のシステムだと、複数の相談所に登録しても、チェックが働かなかったと考えられます。

それに、入会金を取るシステムの相談所の場合、入会してもらったり成婚してもらったりすることが相談所の売り上げになるわけですから、複数の相談所に入会していないかどうかは、それほど深追いしなかったのでしょう」

それにしても結婚相談所の人たちは、それまでの経験から、彼女をあやしいとは見抜けなかったのだろうか。

「見抜けなかった、と皆さんおっしゃいます。『入会するのは真剣に結婚相手を探している人ばかりなので、悪意を持っている人がいるとは想像していなかった』と言っている人もいました。彼女は相手に求める条件として、『年収300万円以上の男性』とか、ときには『年収1000万円以上の男性』と身上書に記入していましたが、女性が結婚相手の男性に経済力を求めるのは、ごく普通のことですから。

彼女は、昔ながらの結婚相談所もけっこう利用していました。ほぼ個人で営業している小規模なところで、お歳を召されている世話人の方も多かったのですが、皆さん困惑されていた。後で事件を知って、そういえばそんな人がいたな、と──。実際にお見合いの段取りなどで接触している間も、とくに不審な点はなかったそうです。喋りは上手で、ちょっと押しは強いけど、まさかそんな事件を起こす人だとは思わなかったと口を揃えて言っています」

身上書の職歴には「銀行勤務」と書いてあるが、実際、千佐子は若いころ、都市銀行の北九州にある支店で事務職を務めていた。身上書に書かれた趣味は、料理、ガーデニング、旅行、スポーツ観戦、寺社仏閣。「相手の年齢と学歴にはこだわらない」とあり、自己PRは「明るく家庭的、相手を大切に、思いやりと尽くすのが私の心情」（原文ママ）。結婚相談所の職員による特記には、「好感のもてる、優しい性格の女性です。明るい家庭生活を過ごせると確信いたします」と書かれている。ある意味、完璧な身上書だ。

要は、その道のプロでも見抜けなかったということだ。つまり犯罪者として天才的だったとも言える。

男心をくすぐる術に長けていた筧千佐子

小野さんは、拘置所で何度か筧千佐子と面会している。なぜ次々と高齢男性が引っかかったのか。生身の千佐子と会っている小野さんは、そのあたりをどう考えているのだろう。

「彼女は闊達で、ポンポン言葉が出てくるタイプです。本人も、自分はバンバンものを言うタイプだと語っています。だから自分がリードしたいタイプの男性だと、マッチングが難しかったかもしれません。

でも口下手な男性にとっては、リードしてもらえるから楽でしょうね。連れ合いを亡くして孤独な男性にとって、明るい雰囲気の彼女は魅力的に映るんだと思います。面会室でも、僕が帰る際は、笑顔でこちらを向いて手を振っていましたから」

この手の人は、本能的に相手を選別するのではないか、と小野さんは言う。だから何かあったらすぐに警察に訴えたり、強い言葉で反発したりしそうな人は、あらかじめ避けていたに違いない。また、恋愛経験が豊富そうな人、見るからにモテそうな人も避けていた可能性がある。子どもと離れて暮らしており、腹を割って話せる仲間もおらず、孤独感を募らせている高齢男性を狙い撃ちにしていたのだろう。

そして、どういう女性が男性から好まれるのかを熟知し、うまく自分を演出している。

身上書に添えられた写真を見ると、ふわっとしたフェミニンなワンピースに身を包み、ややや斜めに立ち、カメラに向かってニッコリ笑っている。写真を見る限り、庶民的で人のよさそうなシニア女性といった雰囲気だ。

実は、結婚相談所を訪れ始めたころの写真は、もっと〝オバハン〟っぽかったという。結婚相談所で、男性から好まれる写真の写り方を指導され、プロのカメラマンに撮ってもらうようになった。ちなみに写真についての指導やアドバイスは多くの結婚相談所で行っていることで、相談所によっては提携しているヘアメイク、スタイリスト、カメラマンによる本格的な撮影サービスを提供しているところもある。

千佐子は、男性との受け答えに関しても、「男心をくすぐる」術に長けている。たとえば筧勇夫さんに送ったメールには「勇夫さんの愛と信頼に、あなたの元に行く気持ち、揺るぎないものになりました。私のような愚女を選んでもらいありがとう」（原文ママ）、「死ぬまで一生添い遂げます。愛されてる幸せをかみしめています」など、高齢男性を舞い上がらせるような言葉が並んでいる。

その一方で「日本国の法律では成人したら誰の許可なく結婚できる。たとえ親の許可なしでも結婚でき、兄弟は法外。兄弟に経済援助を受けるなどの事情があれば、話すべきでしょうが、健全な体と経済的に自立していれば、自由に結婚できます。兄弟の呪縛から解放されて、二人で楽しく生きていきましょう。私はどこまでもついていきます。愛する夫さまへ」といったメールも送っている。肉親との関係を分断し、自分に取りこもうとする様子がよくわかる。

「孤独」が彼女の犯罪を可能にした

それにしてもなぜ男性たちは、いとも簡単に遺言公正証書を作成することに同意したのだろう。小野さんはこう話す。

「この女性を手放したくないと思うように、うまく誘導していったのでしょう。公正証書をつくらないと、彼女が離れていく。それは避けたいという思いに駆られてしまう。彼女は『あなたがいなくなったら、私はどうしたらいいの？』と、弱い女を演じます。するとと男性たちは、ここまで自分を頼ってくれているんだ、とのぼせ上がる。『あなたと私は一心同体なんだから、万が一あなたが亡くなったときに生きていけるようにしておいてくださいね』と促され、公正証書を作成するに至ったと推測されます」

年齢のことを考えるといつ何があるかわからない高齢者の心に、「あなたがいなくなったら、私はどうしたらいいの？」という言葉は、切実なものとして届いたのだろう。

家族と疎遠で孤独感に苛《さいな》まれている高齢男性にとって、突然目の前に現れた明るいおばちゃんは、救いの神のように思えたのかもしれない。病気になっても、この人が面倒をみてくれる。これでもう、1人で死ぬ恐怖から逃れられる。心からそう思ったら、自分の持っているものをすべて渡してもいいと考える人もいるに違いない。

「実際に彼女とお見合い経験があり、法廷で証言をした男性は、まだ彼女に対して未練を持っているように感じました。この期に及んで、『とても魅力的な女性だった。彼女と別れたのは残念だった』と発言していましたから」

もちろんなかには、千佐子とお見合いをしたものの、自分から断った男性もいる。その理由としてあげているのが、彼女が早い段階でお金の話をしたことだ。また、お見合い当時80歳だったある男性は、2回目に会ったときにいきなり男性の死後のことを話し始めたので、不信感を抱いたという。

彼女がターゲットにしたのは、資産を持っている孤独な高齢男性だった。人の心に巣食う孤独こそが、彼女の犯罪を可能にしたのだ。逆に言うと、いかに日ごろから人とコミュニケーションを取り、孤独ではない状況をつくっておくかが、後妻業被害を防ぐうえで大事なポイントのようだ。

とはいえ、それができないからこそ、後妻業の女性に引っかかるわけだ。まさに卵が先か鶏が先か。彼女のような天才的な犯罪者に目をつけられたら、逃れるのは難しいのかもしれない。

親を後妻業から守るには

婚活中の方は、ちょっとでも不審に思うことがあれば、アドバイザーや世話人などに報告・相談することが鉄則だ。あるいは、友人や知人など、忌憚《きたん》なく相談できる第三者を持っておくことが大事だろう。気心の知れた友人や知人であれば、婚活相手の様子に不審な点があったら、「それ、ちょっとおかしいんじゃないか？」とか、「気をつけたほうがいいよ」などとアドバイスしてくれるはずだ。

だが一般的に男性は、そういうきわめてプライベートなことに関しては、なかなか同性に打ち明けたがらない。また友人や仲間から反対されるとかえって頑なになり、女性をかばいがちだ。

子どもの側が親の婚活相手を不審に思った場合は、話の仕方が大事になってくる。結婚や離婚のトラブルに詳しい本橋総合法律事務所の本橋美智子弁護士は、こうアドバイスする。

「恋愛や結婚は、年齢に関係なく、本人にとってはきわめてプライベートなことです。ですから子どもが何か意見を言う場合は、本人のプライドや感情を逆なでしないように細心の注意を払うことが重要です。

ところが仮に70代の父親に好きな女性ができたとすると、娘は『いい歳して、女にとち狂ってバカじゃないか』と思ってしまう。その気持ちもわかります。でも、それをそのまま言葉にしてしまうと、やはり親は相当傷つくし、逆効果になり余計親は頑なになります。自分の親なのでつい遠慮のない言葉を使いがちですが、逆に肉親だからこそ、十二分に気を遣ってほしいですね」

親のプライドを傷つけるような物言いや、頭ごなしの反対、感情的な言動が、かえって親を暴走させる場合もある。うまく説得できる自信がない場合は、親が信頼している第三者に頼んで意見してもらうこともひとつの方法だ。

シニア女性が陥る「ロマンス詐欺」

トラブルに巻き込まれるのは、なにも男性ばかりではない。2018年ごろから、シニア女性が国際ロマンス詐欺にあうケースが増え、たびたびニュースになっている。

2019年3月には、66歳の日本人の女性が勤務先の医療法人から1000万円を横領した疑いで逮捕され、「会ったことのない外国人の〝恋人〟を助けたかった」と供述している。逮捕された女性は、英国出身の軍人だと名乗る男とSNS上で交流。結婚をほのめかされ、病気の治療費や日本への旅費を立て替えてほしいという要望に応じ、相手に言われるまま口座に振り込んだという。

いくつかの事例によると、Facebookなどを通じて友だち申請をしてきたり、恋活アプリで連絡してきたりするところから始まるケースがほとんどだ。アメリカ軍人やイギリス軍人と名乗ることが多く、プロフィールにはネットから盗用した写真を使用しているケースもある。ネットを通じてのやり取りでロマンティックな言葉を巧みに操り、あたかも恋愛をしているような気分にさせ、ときには結婚をほのめかす。交流が深まると、電話やスカイプを併用する場合もある。

相手がすっかり恋愛気分になったころを見計らい、戦場や赴任先から金塊や高価なプレゼントなどを送ったといった連絡が来るのが典型的なパターンだ。その後、共犯者から、「税関で荷物が止まっていて関税や罰金などが必要だ」などと請求され、つい支払ってしまう。

ほかの手口としては、急に連絡が途絶えたので心配していると、しばらくしてから戦場や仕事先での事故で入院していたとか、なんらかのトラブルに巻き込まれたといった連絡が来る。そして退院手続きのための費用や、トラブル解消のための費用、日本まで会いに来るための交通費を立て替えてほしいと要求してくる。

なぜ会ったこともない人を、そこまで信用してしまうのか。不思議に思う人もいるかもしれないが、SNSというコミュニケーションツールには、会ったことがない人どうしでも心を通い合わせることができるという特性がある。何度もやり取りを繰り返しているうちに、相手に対する信頼感が生まれ、〝物語〟を信じてしまうのだろう。

詐欺師たちはSNSの特性を悪用し、「いつか白馬に乗った王子様が迎えにきてくれるに違いない」という女性の願望につけこみ、お金を詐取する。後妻業同様、女性の心に潜む孤独や結婚願望、現状に対する不満が、詐欺師たちの格好のエサとなっている。

女性からお金を騙し取られる男性は多い

後妻業や国際ロマンス詐欺ほど極端ではないにせよ、シニア婚活、およびシニア婚に伴い、なんらかのトラブルに巻き込まれる人は少なくない。具体的なトラブル例をあげつつ、どうすればトラブルを避けられるかを考えていきたい。

まず婚活中に多いのが、第2章でも触れたように、男性が女性からお金を騙し取られるケースだ。母親が入院した、子どもが怪我をしたなどいろいろな理由をつけては5万、10万とお金を無心され、ある日突然、連絡が取れなくなる。なかには100万円以上の大金を騙し取られる人もいる。

こうしたトラブルになるのは男女の関係になってからかというと、そうでもない。まだ手も握っていないのに、何度もお金を渡してしまうケースもある。相手の期待に応えたら、自分のものになってくれるに違いない。そう思って、つい財布の紐をゆるめてしまうようだ。

太陽の会では会員の男性に、「つきあっている段階でお金の話が出たり高価なプレゼントを要求されたりした場合は、スタッフに相談するように」とアドバイスしている。太陽の会代表の斎藤さんによると、「自分は騙されるはずがない。60代、70代のいい大人なんだから、勝手にさせてくれ、という人もいます。でも残念ながら、何年に一度か、騙される人がいます」とのことだ。

たとえば、過去にはこんなこともあった。50代の女性が70代の男性に積極的にアプローチして結婚。女性は男性の家に引っ越してきたが、なぜか荷物をほどこうとしない。そして2ヶ月たつかたたないかのうちに、「私が思っていたような人ではなかったから離婚したい」と言いだし、ついては慰謝料をもらいたいと迫ったという。

「女性のアプローチで男性はすっかり舞い上がり、すぐに入籍しました。でもたぶんその女性は、最初から慰謝料目的だったのでしょう」

〝やり逃げ〟から身を守るために

性的な問題もトラブルになりがちだ。シニアの場合、性的な関係をどこまで重視するかは、若い世代以上に個人差がある。複数の婚活アドバイザーの話をまとめると、男性はほぼ間違いなく、性的な関係を望んでいるという。もちろん年齢や体調によって、また個人によって、どこまでの行為が可能かは違ってくるだろう。ただ多くの男性は、女性とつきあう、あるいは結婚するということは、なんらかの形での性的関係を持つことだと考えている。

一方女性の場合は、ある程度年代があがると、性的関係はできれば避けたいという人もいる。なかにはプロフィールに「同衾《どうきん》はいたしません」と書いてほしいと申し出る女性もいるそうだ。

「ただし最初から条件として提示してしまうと、相手が見つからない可能性が大きいので、『条件に入れるのは、やめたほうがいいですよ』とアドバイスするようにしています」と、茜会の立松さん。「同衾はいたしません」と言っている女性も、相手との信頼関係ができたら、受け入れるようになることもあるそうだ。

また、いつから性的関係を持つのか、往々にしてそのスピード感覚が男女でズレがちだ。男性のなかには、相手も自分に好感を持っていると思ったら、すぐホテルに誘う人もいる。女性もその気になっていれば問題はないが、まだ気持ちが固まっていない場合や性的な関係を持つことに不安を持っている場合、そこで焦ってしまうとせっかくうまくいきかけていた関係が壊れかねない。

女性は閉経すると、性交痛を感じるなど、身体的な変化が表われる場合がある。そのため、うまく男性を受け入れられないのではないかと、セックスそのものに不安や躊躇を感じる人もいる。そういった女性の心理を理解せず、先を急ぐと、女性は心を閉ざしてしまう。

ただ、男性が急ぐのはシニアであるからこそ、とも言える。歳を重ねれば重ねるほど、一日一日が貴重になってくる。もしかしたら次のデートの際は元気に歩けないかもしれないし、男性機能もダメになっているかもしれないといった不安が、心の奥底にあることは容易に想像できる。先が限られているからこそ、今ここでなんとしても相手の女性をゲットしたい。そう思うあまり、つい気持ちが逸《はや》ってしまうのだろう。

気をつけなくてはならないのは、下品な言い方だが女性が〝やり逃げ〟されるケースである。自分は結婚するつもりで男性からのセックスの求めに応じたのに、男女の関係になってしばらくしたら、電話をしても出ないし、ＬＩＮＥやメールを送っても返信が来なくなる。

そうしたトラブルを避けるため、結婚相談所によっては、登録規約に「性交渉は成婚対価である」、つまり性交渉をしたら結婚同様にみなすと書かれているところもある。何かトラブルがあった場合は慰謝料などの支払いも発生する可能性があるので、性交渉を持つのならそういった覚悟をしてくださいと明文化することで、抑止力を期待しているのだろう。

とはいえ、規約を無視して迫ってくる人もいるのが現実だ。性にまつわるトラブルは、やはり自己責任だと肝に銘じておくしかなさそうだ。

国際結婚の落とし穴にはご用心

2010年、東北地方各地で国際結婚詐欺が多発し、仙台の弁護士10名が被害者弁護団を結成した。男性から寄せられた相談は60件ほどである。

国際結婚仲介業者が紹介してきた女性はホームステイと称して数週間、被害者の自宅に滞在した。その間、同居する母親の面倒をよくみて、男性にも尽くしたという。

いざ結婚が決まると、結納金や成婚料として仲介業者に支払いをするが、数ヶ月すると女性は帰国し、そのまま蒸発してしまう。仲介業者にクレームを言うと、「それは男女の問題。女性は男性の不誠実な態度に愛想を尽かして故郷に帰った」と主張する。なかには仲介業者に300万円以上払ったケースもあった。後継者不足に悩む農村で、女性と出会う機会が少ない男性を狙い撃ちした悪質な詐欺だと推測される。

ただし事件として立件するのは、なかなか困難なようだ。裁判でプライバシーが暴かれることを憂慮し、結局、ほとんどの被害者が裁判を断念した。

表に出ないだけで、似たような事例はまだまだあるに違いない。なかには結婚ビザの取得を目的にしている外国人女性もおり、ビザを入手したらいなくなるケースもある。

離婚しようにも相手の所在地が不明なので、離婚手続きに手間取る場合もある。

もちろん第4章で見たように、国際結婚でうまくいっているカップルは大勢いる。しかし、「結婚相手が見つからない」「どうしても結婚したい」という弱みにつけこまれることもあるという点は、心に留めておいたほうがよさそうだ。

断るときは明るく、はっきりと

男性に多いそうだが、婚活パーティなどで知り合い、連絡先を交換すると、それだけでもう交際OKだと思い込んでしまう人がいる。連絡先交換は、あくまで入り口にすぎない。そこからお互いの意向や価値観を確認しつつ、交際に進むかどうかを考えるわけだが、それを飛ばしてしまいショートメールを日に何本も送ったりする人もいる。

「男性と女性では気持ちの高まるスピードが違い、男性はつい先走りしがちな方が多いようです。そういう相手の場合、こちらに交際する意向がないのなら、はっきり断ったほうがいいと思います。『ちょっと今は忙しくて』みたいな言い方では伝わりません。必ず、『だったら、いつになったら暇になりますか』という返事が返ってきますから」

と茜会の立松さんは言う。

交際を断っても、どこかのパーティで再会する可能性はある。そのようなとき、なるべく気まずくならないためには、どのように断ればいいのだろうか。

「『お話ししてみたけれど、やはりご縁がなかったと思います。どこかでまたお会いするかもしれませんが、お互いにがんばりましょうね』といった感じで、明るく流してくださいとご案内しています。男性は、丁寧に言ってさしあげたらたいてい理解してくれます。

一方、男性が女性に対して断るときのよくない例ですが、『プロフィールに載せている額より年収が下がったんだ』など、『こちらの条件が悪くなった』と女性に告げて、女性の方から断ってもらうように仕向けるという、ちょっとまわりくどい方法をとる方がいらっしゃいます。

これでは断る意思が相手に伝わりづらいし、会に『プロフィールの情報はウソだったのですか』とクレームが入ってしまうこともあります。やはり単刀直入に、明るく断っていただきたいですね」

収入欄は自己申告制の場合もある

女性のなかには、男性の経済力に重点を置いて婚活をする人が少なくない。男性の収入に関しては、結婚相談所によって、確定申告の写しや収入証明書など、収入を証明できる書類を提出しなくてはいけないところもあれば、自己申告制のところもある。

自己申告制はいわば「性善説」に則《のっと》っているわけだが、必ずしも正確な数字が書かれるとは限らない。なかには誇大広告よろしく、実際よりかなり水増しした数字を書く人も現実にいる。相手の経済力を重視する場合は、収入欄の裏付けは取れているのか、スタッフ側に確認したほうがよさそうだ。

一方、年収が高かったり資産を持っていたりする男性のなかには、財産目当ての女性が寄ってくるのではないかという疑心暗鬼から、正確な収入を知られたくないという人もいる。そのため、あえて収入の金額を下げて記載したり、不動産収入や土地などの資産に関しては表に出さないでほしいと婚活アドバイザーに釘を刺すなど、「逆サバ読み」するケースもある。このあたり、男女の思惑と駆け引きが渦巻く世界と言えそうだ。

できるだけ子どもにはオープンに

シニア婚活をしている人のなかには、子どもには知らせずに活動をしている人も少なくない。女性の場合は、同性の子どもに対しては距離が近く、けっこうオープンに話している人もいるが、男性は子どもに内緒にしているケースが多い。やはり、なんとなく格好悪い気がして、婚活していることを子どもに言いづらいのだろう。そのため相手が決まってから、事後報告という形になりがちだ。

しかし子どもの側からしてみれば、突然親から「結婚することにした」と言われたら、戸惑うのが自然だ。心理的にハードルは高いかもしれないが、できるだけ早い段階から子どもに婚活のことを伝えられたら、それに越したことはない。

どちらかが逝った後まで想定しておく

シニアの場合、パートナーと出会っても、ほどなく相手が病気になったり亡くなったりするリスクがある。そのための覚悟と準備もしておく必要がある。

これは太陽の会で実際にあったケースだが、未入籍のまま同居を始めて3ヶ月後に夫が死亡。葬儀の相談もあるので夫の娘に連絡したところ、いきなり葬儀社の人が来て遺体をさっさと運びだし、それ以降娘からはなしの礫《つぶて》でお通夜・葬儀の知らせすらなかった。

妻だった女性は、「籍を入れていたら、こんな目には遭わなかったのではないか。だから事情が許す限り、なるべく早く籍を入れることをお勧めすると会員に伝えてほしい」と、代表の斎藤さんに思いを託したそうだ。

また、シニア婚を機に夫が購入したマンションで新生活を始めたあるご夫婦のケースでは、結婚して2ヶ月後に夫が死亡した。すると夫の子どもたちがマンションに押しかけてきて、「あんたにはもう用はない。出ていってくれ」と大騒ぎ。いざこざはかれこれ1年以上、続いているという。

そうしたトラブルを避けるためには、やはりきちんとした遺言書を作成しておくことが大事だ。また、生命保険の見直しも忘れてはならない。パートナー不在の間は、子どもが受取人になっているケースが多い。自分の死後、パートナーの生活を守りたいなら、受取人を新しいパートナーに変える、あるいは話し合って子どもとの分配率などをきちんと明文化しておく必要がある。

事実婚の場合はとくに、どちらかが亡くなった場合、事実婚関係であったと証明するのはなかなか難しい。また配偶者としての法律的権利がないので、事実婚であることを証明できる公正証書と遺言公正証書を作成しておくことが、トラブルを避けるための重要なポイントとなる。

シニア婚に婚前契約を勧める理由

一緒になってから、「こんなはずではなかった」「聞いていた話と違う」ともめるケースも多い。なかでも深刻なのがお金の問題だ。

たとえば生活費は毎月20万円渡すというのが結婚前の約束だったが、蓋を開けてみたら20万円は家賃を含んだ金額だったというケース。これなどは、事前に持ち家で暮らすのか賃貸住宅で暮らすのかを確認しておけば、避けられた問題だ。

そうしたトラブルを避けるためには、結婚後の生活について、金銭面から生活上の約束事まで、婚前契約という形で明文化しておくのが賢明だ。婚前契約書については第4

章の国際結婚のところでも触れたが、日本人どうしであってもシニアの場合はとくに、できれば作成しておいたほうが後々問題が起きにくい。

婚前契約書作成の実績が多い行政書士の横倉肇さんは、こうもアドバイスする。

「婚前契約は公証役場で公正証書にしておけば、法的効力を持つと考えられます。ただし公証役場によっては、婚前契約に否定的な公証人もおり、どこでも受け付けてくれるというわけではない。とくに地方では、まだまだ保守的な考えの公証人も多いですから。ただ公正証書に関しては、住んでいる場所でつくらなくてはいけないという縛りはないので、受け付けてくれる地域で提出し、保管してもらうことが可能です。婚前契約書作成の実績がある行政書士なら、その辺りの情報を持っているはずです。

シニア婚の場合、婚前契約のなかに、『入籍して何ヶ月以内に遺言公正証書を作成する』という一文も入れておいたほうがいいでしょう。遺言公正証書そのものは、相続人の同意はいりません。ただ内容は子どもにもオープンにしておいたほうがいい。隠しておくのは、トラブルの元です」

本橋美智子弁護士も婚前契約を推奨しており、とくにシニア婚の場合は、ぜひ婚前契約をするよう勧めたいという。

「これまでお互いに所有してきた財産はどうするのか。生活費の負担はどうするのか。離婚に関してはたとえば結婚して5年以内に離婚した場合は慰謝料はなしとか、今後の生活にかかわることに関して取り決めます。

民法では、婚前契約を夫婦財産契約と呼んでいます。

当事者の親族などの第三者にも効力を持つ夫婦財産契約をつくるには、契約書を作成して、これを婚姻届までに、法務局で登記する必要があります。

この夫婦財産契約は、互いに財産のない若い夫婦には、必要性があまりないですが、シニア婚の場合には、とくに、そういうものをきちんと作ることをお勧めします」

もちろん、そこまでする人はまだまだ少数派だ。とはいえ、最近はシニア婚活を扱っている相談所等で婚前契約や公正証書に関するセミナーなどが開かれるようになり、徐々に婚前契約の重要性を認識する人が増えているという。とくに、入籍しない同居婚の場合は、いざというときにパートナーを守るためにも、さまざまな取り決めを公正証書にしておいたほうがいい。

トラブルを招きにくい遺言書とは

本橋弁護士によると、シニア婚にまつわるトラブルで一番多いのが、どちらか片方が亡くなったときの遺産分割に関するものである。たとえばシニアになって再婚した夫婦で、夫が先に亡くなった場合、相続人は前妻の子どもと新しい妻ということになる。もともと両者の間では感情的にうまくいっていないケースが多いので、何かと問題が起きやすい。

「生前に妻か子どもにお金をばんばん渡すなど、何かしら財産を贈与していたとします。相続の場合、これを特別受益として計算するのですが、特別受益があったかどうかでもめるケースがよくあります。ほかにも、亡くなる直前に、夫の口座から妻もしくは子どもによって多額の預金が下ろされており、これを相続財産とみるかどうかについて争いになるケースもよくあります」

そうした争いを避けるために、シニア婚の場合、結婚後に遺言書をぜひ作成してほしいと本橋弁護士は言う。

遺言書には大きく分けて、公証人が遺言者から直接聞いて作成する公正証書遺言と、自筆証書遺言がある。

自筆証書遺言の場合、今までは全文を自書のうえ、相続開始後に必ず家庭裁判所の検認を受けなくてはいけなかったが、2019年1月より漸次施行される改正民法により、財産目録の部分についてはワープロで作成したものや、不動産の登記事項証明書などを添付したものも認められることとなった。

また、保管の不備や紛失などを避けるため、遺言保管所として指定された法務局で、遺言の保管申請を行うことも可能となった。

ただし、たとえば遺言書に「全財産を妻に相続させる」と書かれていたとしても、法定相続人にあたる実子等が遺留分減殺請求をすると、法定相続人の遺留分が認められる。そのため必ずしも遺言書通りになるとは限らない。

「仮に夫であれば、万が一自分が先に逝った場合、妻が困らないか、子どもの気持ちはどうなのか。妻の今後と子どもの気持ち、そしてもちろん法定相続分や遺留分などをきちんと認識したうえで、バランスのいい遺言をつくるのが一番です。ただそれには、やはり人間ができていないと難しい。なかには、『俺の財産なんだから別に俺がどうしようと、文句を言われたくない』という方もいますから」

どのような遺言をつくり、それを家族みんなに納得させるか。かなり人間力が問われる場面だ。

結論を出すのに時間をかけすぎない

結婚相談所等で婚活をする際、難しいのは、ある程度短期間で結論を出さなくてはいけない点だ。なかにはあまり急がないようにとアドバイスをする相談所もあるが、逆に急いだほうがいいと促すところもある。

相談所のシステムによっても違うが、登録料はそう高額ではなく、成婚したら成婚料を払うシステムの相談所の場合、結婚してもらうことが事業所の収入につながる。だとしたら、やはりなんとか早くまとめたいと思うに違いない。

また婚活当事者の立場に立つと、ただデートだけして時間がどんどんたっていくのでは、相手も納得しないだろう。結婚の可能性がないなら、別の人との可能性を探ったほうが効率的だからだ。正式な交際の前であれば、婚活の性質上、二股三股状態になるのはお互い致し方のないことだが、いつまでもキープ状態にされたのではたまったものではない。先が短い人生、そんなことをしているヒマはないと考えるのも自然だ。

複数の結婚相談所に聞いた話をまとめると、交際を続けるかやめるかの結論は、お見合いをしてから3ヶ月以内というのが相場のようだ。

高齢になった親の婚姻は裁判で無効にできるか

一方、結婚を急ぐあまり、子どもたちがまったく知らない間に親が婚活で出会った相手と婚姻届を提出していることもある。これは子どもにとっては、心情的に受け入れがたい。

「『自分の人生なんだから自分で決める。子どもの同意なんか必要ない』という人もいます。もちろん法律的には子どもの同意は必要ありません。ただ後々のトラブルを避けるためにも、法律婚をするなら、事前に子どもには話をして、手続きをしてほしいと思います」と、本橋弁護士は言う。

親が亡くなって初めて親に配偶者がいることを知った場合、子どもは不信感を募らせるはずだ。子どもの側からしてみると、認知力の低下から判断能力が落ちているところにつけこまれたのではないか、無理やり婚姻届に署名させられたのではないか等、不審に思うのも無理はない。

しかし本橋弁護士によると、婚姻無効の訴訟はかなりハードルが高いという。

「たとえば高額の投資信託なり高額商品の購入に関しては、かなり高い判断能力が必要だと考えられます。けれど結婚は、好きか嫌いか、この人と一緒に暮らしたいかどうかといった人間の根源的な感情に基づくものなので、裁判所から見ると判断能力がけっこう低くてもよしとされるのです。

身の回りの世話をしてもらい、うれしくて結婚に同意をするという場合もあるでしょう。そうした実態や感情の部分は第三者にはなかなかわからないし、判断もしにくいため、訴訟としてはかなり難しいと考えたほうがいいでしょう」

子どもと疎遠で寂しい思いをしているシニア男性にしてみれば、女性にやさしくしてもらい、結婚の話を持ちかけられたら、承諾してしまうのも無理はない。場合によっては、遺言公正証書も作成するだろう。もしかしたら薄々、相手の打算に気づいているのかもしれない。それでも孤独なまま1人で死んでいくことを考えたら、あえて目をつぶろうと思う人もいるに違いない。

親の結婚による思わぬトラブルを避けるためには、やはり日ごろから親子間でコミュニケーションをとっておくことが一番だ。難しいかもしれないが、高齢者の心情や孤独感に対して想像力を働かせることも、子どもの役割と心得たほうがよさそうだ。

第7章
ちょっとしたことが成婚への近道

女性は写真選びで男性の意見を参考にすべき

婚活中の人は当然のことながら、一日も早くいい相手に出会いたいと願っている。では、シニア婚活の場ではどういう人がモテて、どういうタイプの人が早く相手が見つかるのだろう。

婚活サイトやお見合いの場合、プロフィールと写真が出会いの入り口となる。男性が相手と会ってみたいと思うかどうかの決め手は、やはり年齢ができるだけ若いことと、写真での印象だという。

M'sブライダル・ジャパンの宮﨑さんによると、女性本人が選んだ写真は男性から見るとほとんどがNGだという。

「男性はどういうところで、『この人と会ってみたい』というスイッチが入るのか。男性特有の感覚をまったくわかっていない女性が多いですね。私どもから言われて初めて、そうなんだ、と知る人がほとんどです。同性のお友達の意見も、たいてい的を外しています。

男性はスタイルも含め総合的に見ますので、お顔のアップよりは、腕や襟元などが露出していたほうがいいですね。着物やスーツを着込んでしまうと、男性の『会ってみたい』というスイッチが入りにくい。また、真正面のポーズは女性らしさが出にくいので、やや斜めに立って角度をつけるのもコツです。

ヘアスタイルは、男性はショートよりセミロングを好む方が多いので、そういう髪型をご提案することもあります。ネイルをしたほうがいいなど、細かいアドバイスもします。場合によってはダイエットのアドバイスもします」

多くの男性が理想とするのは、典型的な〝女性らしさ〟を感じさせ、なおかつスタイルがいい女性ということだろうか。いわゆる女子アナ的なタイプの女性と言ってもいいかもしれない。

では女性は、相手と会ってみたいかどうかを決める際、何に一番重きを置くのだろう。どの結婚相談所に聞いても返ってくる答えは、収入、学歴、職業。人気が高いのはやはり、医師、弁護士、会計士など定年がない専門職か会社経営者だ。年金生活者は不利だが、不動産などの資産を持っている場合は、この限りではない。

とはいえこれはあくまで、写真とプロフィールという入り口段階での話だ。婚活パーティなどで、条件を知るより先に人物そのものに接する場合は、必ずしもこの通りというわけではない。

シニア世代は若々しい人の生命力が大好き

では実際に相手に会う場では、どういう人がモテるのだろう。

婚活中の女性や成婚した女性に、男性に何を求めるのかとうかがうと、ほぼ全員から「清潔感」という答えが返ってくる。いわゆるイケメンである必要はないけれど、さわやかな人がいい。これも、女性が重視する点だ。

清潔感やさわやかさは、ファッションにかなり左右される。そのため結婚相談所によっては、コーディネートの相談やファッションアドバイスのサービスを行っているところもある。そういうサービスがない場合は、紳士服の店で、女性の販売員に相談して選んでもらうのもいい。

婚活アドバイザーが一様に言うのは、男性のファッションに関しては、初対面のときはジーンズやトレーナーなどカジュアルすぎる服装はNG。かといって、会社に行くようなスーツも女性からは好まれない。ややカジュアルなジャケットや、おしゃれな雰囲気のスーツがベストとされる。大きなバッグは野暮ったいので、持つなら小さなバッグがいいそうだ。

女性は一般的に、フェミニンな服装が好まれる。センスがよすぎるモードっぽいファッションは、男性から敬遠されがちだ。また、見るからに高価な装飾品やバッグを身に着けている女性も、お金がかかりそうだと思われ、相手が引いてしまう場合がある。

婚活中の男女皆さんが口にするのが、「若々しい人がいい」という点だ。具体的に言うと、イキイキしていること、話が弾むこと、そして明るいこと。

話をうかがってみると、どうやら若々しいほうが見栄えがいいから、という理由だけではないようだ。「若い」と「若々しい」は、似て非なるものだ。若々しさとは、その人自身がもっているエネルギーや、ライフスタイルの反映でもある。生命力の表われといってもいいかもしれない。

年齢が高くなればなるほど、人は生命力に敏感になる。シニアの場合は潜在的に、結婚したとたん相手が老けこんでしまったらどうしよう、すぐに病気になったり死んだりしたらどうしようという不安や怖れがある。だからこそ、実年齢より若々しいことは、シニア婚において大きなポイントとなる。

自分に合う戦場はお見合いか、パーティか

昔ながらの1対1のお見合いが向くのか、グループで男女が出会う婚活パーティや婚活イベントが向くのか、それとも婚活サイトが向くのかは、人それぞれだろう。おおざっぱに言うと、婚活パーティは年収などのスペックが提示されていないので、会ったときの印象や人となりでまず判断することになる。

たとえば茜会では、過去にこんな例がある。大卒で公務員として働いている女性で、お見合い相手の条件を、「有名大学卒、大学院を出ていたらなおいい」としていた方がいた。ところが条件に会う相手と何回かお見合いをしたものの、なかなかいい縁が得られない。そこで気分転換がてら参加したサロンパーティで出会ったのが、バツイチで中卒の職人さん。男気に惚れ込んで交際が始まり、結婚に至った。条件で絞り込んだお見

合いでは出会えない相手だったけれど、会ってみたら人間的な魅力に惹かれた、というわけだ。

この女性の場合、いざとなったら条件は二の次にできる柔軟性が、結果的に結婚に結びついたと言える。ただ、なかにはパーティなどで知り合って交際を始めたものの、望む条件からかけ離れていることをあとから知り、葛藤の末別れる人もいる。おつきあいを始め、相手を好きになったのに、やはり結婚に踏み切れない。その間、容赦なく時間は過ぎていく。シニア層ともなれば、そんな失敗はしたくないと考える人も少なくないだろう。

そこへいくと、婚活サイトやお見合い形式だと、あらかじめ提示した条件で相手を絞り込むことができる。堅実な未来設計を考えている人にとっては、安心できるシステムと言えそうだ。

逆に選ばれる側にしてみれば、「条件で近づかれる」という側面もないとはいえない。ただ、男性の経済力などを最優先するいわゆる〝条件狙い〟の女性は、いつの時代にもそれなりにいる。これはいわば、婚活の宿命かもしれない。

男性の5つの「嫌われポイント」

婚活中の人や、婚活アドバイザーの方などにお話をうかがった結果を総合すると、お見合いでも婚活パーティやイベントでも、嫌われる男性のタイプは共通している。

①自慢話をする

男性で一番嫌われるのは、自慢話をする人だ。学歴やかつての肩書きをひけらかすように話し、女性が適当に相槌を打っていると、どんどん自慢が止まらなくなる。なかには上から目線で、女性に対して横柄な人もいる。そんな人には女性が辟易してしまう。

自分の話ばかりするのではなく、相手の話を聞く姿勢が大事だが、かといって「得意料理は?」「家事は好きか?」など、面接官のように女性を質問攻めにする男性も嫌われる。

②前の配偶者の話題が多い

死別の場合、前の配偶者の思い出話が多いと、たとえそれがいい話であっても、相手が鼻白む場合がある。とくに女性は、男性から前妻の話をされると、「この人はまだ前の奥さんを忘れていないんだ。もし一緒になっても前の奥さんと比較されるに違いない」と感じがちだ。

離婚経験者の場合は、前の配偶者の悪口を言う男性は間違いなく嫌われる。というのも男性の場合、離婚の原因は自分にあっても、そのことに気づいていない人が多いからだ。前妻の悪口を言うと、女性は「あぁ、こういう人だから離婚されたんだ」と思ってしまう。

前の結婚を話題にしていいのは、交際が始まり、お互いの価値観がある程度見えてから。過去ではなく、未来を見詰める姿勢がなにより大切だ。

③お金に細かい

経済観念がしっかりしていることと、お金に細かくてケチなことは違う。最近の若い人は、デートは割り勘があたりまえという人が増えているが、シニアの世代は必ずしもそうではない。1円の単位まで割り勘にするような男性は、女性から幻滅されることが多い。

④先を急ぎすぎる

一般的にシニアの場合、男性の気持ちが高まるスピードと女性のスピードではズレがあるというのは、ここまで見てきた通りだ。男性は、「先が限られているからここでゲットしなくては」と、つい焦ってしまう人も少なくない。でもあまり男性が前のめりだと、女性はかえって引いてしまう。

リタイアしている男性の場合、暇を持て余しているので、一日に何回も電話をしたりメールを送ったりする人もいる。仕事をしている女性の場合はとくに、相手の立場や状況を想像できない男性は願い下げだろう。

性的な関係をすぐ迫る男性も、苦手な女性が多い。ただこればかりは個人差もあるし、男女のことなので、一概には言えない。女性も「この人は」と思ったら、すぐにそういう関係になりたい人もいるかもしれない。

⑤下ネタを言う

下品な言動や下ネタは厳禁。打ち解けようと、ちょっとした軽口のつもりで下ネタを口にする男性もいるようだが、女性はほぼ間違いなく嫌悪感を抱く。

飲食店選びがその後の展開を左右する

M'sブライダル・ジャパンの宮﨑さんによると、デートでどのような店を選択するのかという点も重要だという。

「せっかくホテルのラウンジで待ち合わせしても、その後ファミレスに連れていかれたので幻滅したとか、1回目のデートが居酒屋だったのにはがっかりした、という女性の声をよく聞きます。女性としては、相手の男性をケチだと思うだけではなく、『この人は自分の価値をこの程度にしか考えていないんだ』と感じてプライドが傷つくのでしょう」

もしかしたら男性の側は、気取らずざっくばらんに話したいという理由で居酒屋に誘ったのかもしれない。しかし女性は、そうは受け取らない。くだけたお店に行くのは、何回かデートを重ね、お互いの気心が知れてからにしたほうがよさそうだ。

「かなり以前の話ですが、これとはまったく逆のケースで、お見合いの際、男性は銀座の高級寿司店の久兵衛に女性を連れていき、すぐ結婚が決まったケースがありました。男性のほうは、プロフィール情報を見て、『この人』と思っていたのでしょう」

最初のデートで銀座の高級寿司店に連れていくというのは、それなりの収入がないとできないことだが、「どうしてもこの人と結婚したい」と思い、勝負店を選んだと思われる。女性も、最初のデートで銀座の寿司店に連れていかれたら、「大事にされている」と感じるに違いない。そのあたりの女性の心理を理解できるかどうかも、モテと非モテの差かもしれない。

相手を探すのではなく、探してもらう気持ちが大事

掃除洗濯など身の回りのことは自分でできる男性や、家事は協力して2人でやろうというスタンスの人もモテ度が高い。そのため最近は料理教室と提携し、料理をしながら婚活をするパーティなども開催されている。

太陽の会会長の斎藤さんは、男性に対して「結婚相手を探すのではなく、探してもらうつもりで来てください」とアドバイスしている。

「女性はどちらかというと、若いころから『探される』ことに長けている。でも男は違います。とくにシニア世代の男性で、亭主関白で生きてきた人は、『俺はこれでいいんだ』とおっしゃる。『このままの俺でいいと言ってくれる人がいい』などと言って、身だしなみもあまり気を遣わなかったり。『それでは絶対に相手はみつかりませんよ』とお話しさせてもらっています」

男性も女性も、長い時間、自分なりの生き方をしてきたので、習慣や価値観をそう簡単には変えられないだろう。でも、何歳になっても自分を変えられる柔軟性は、モテポイントとしてかなり大きい。

女性の場合、相手に求める条件を緩めることも、婚活を成功させるコツだ。収入や職業などの条件が狭ければ、当然、出会いのチャンスが減ってくる。こだわりが強すぎると、なかなか相手と出会えないまま時間だけがすぎていく。年齢が高くなれば、今度は相手から選んでもらいにくくなる。

長く生きてきた分、いい思い出、つらい思い出も含めて、それぞれ過去を背負っている。相手のバックグラウンドに対してデリカシーを持って接することができ、人生経験を積んできた人間ならではの包容力や相手に対する想像力がある人は、男女かかわらずモテるようだ。

何歳になってもときめきがほしい

長年アドバイザーとして婚活のサポートをしてきた茜会の立松さんは、シニアが婚活をするのは、決して経済的な安定を求めたり、1人暮らしのわびしさを解消したいからだけではないと感じている。人はいくつになっても、ときめきを求めている。できれば、異性に対して情熱を燃やしたいと願っている。だから婚活をするのだ、と――。

出会うきっかけがお見合いであれ、婚活パーティであれ、出会ってからは恋が始まる。もちろん若いころの恋とは、多少、色合いが異なるかもしれない。しかし人生の最後の時間をこの人と過ごしたい、2人で楽しく生きたいという思いは、若いときとは違った切実さがある。

ときめきを感じたら、その先にはやはり性愛がある。もちろん性的なことに対してどのくらいのポテンシャルがあるかは、個人差がかなり大きい。何歳になっても男女の間では性的な関係が重要だという人もいれば、今さらあまりそこは重視しないという人もいるだろう。ただ、たとえセックスをしたいという欲求がそれほどない、あるいはもうできなかったとしても、この人に触れたい、手をつなぎたいという思いは年齢に関係ない。

DVなど前の結婚でつらい思いをした女性のなかには、なかなか男性に心を開けない人もいる。でも、ときめきを求める心に素直になり、ときには自分を解放することも、シニア婚活には必要なのかもしれない。

良き伴侶を得る為の心得

太陽の会では、入会すると、斎藤さんが書いた「良き伴侶を得る為の心得」が配られる。そこには、シニア婚活を成功させるために必要なことが、わかりやすくまとめられている。婚活をする人にとってバイブルとなる内容なので、一部抜粋してご紹介する。

心得① 懇親会や他の行事には、出来るだけ参加されること。この場所は町中や公園とは違い、皆様が誰かを探している、良縁のものすごい濃い場所なのです。とにかく参加しなくては何も始まりません。

心得② 懇親会に参加する時は、服装も含めて他人に不快な感じを与えないこと。清潔感が大事。男性だったらクリーニングしたスーツにシャツとか、髪はシャンプーして髭を剃って、などなど。やはり最初は見かけも大事な要素なのです。

心得③ 最初に行う自己紹介は、自分を知ってもらう絶好の場と心得ましょう。好感が持てるのは、自分の最近のできごとなどにちょっとユーモアを入れて話したり、新聞のニュースを見て自分はこんなふうに感じた、将来こんなふうに生きたいなど。それを聞いた方は、その方と性格が合いそう、もっと話をしてみたいと感じるはずです。一番まずいのは過去の自慢話。それも長々とされたのではたまりません。過去は終わったこと、大事なのは明日からどうするかです。

心得④ 会食の時間はグループの会話の形になります。後に個人的にデートをしてみたい方をみつけるため、また、みつけていただくための時間ですから、自己紹介の延長と考え、込み入った話ではなく将来の夢、趣味、最近のできごとなど、笑顔を忘れずに話しましょう。また、グループで話すときは自分の独壇場にならない、人の話をとらないことなども大事なエチケットです。

心得⑤ 会が終わってデートの申し込みもうまくいき、いよいよ個人見合いです。お互い、この方と交際するかどうかを確かめていただく段階なので、デートの場所は前もって下見するとか、服装にも気を遣い、波長が合うか、価値観が合うかなどを1、2回会って話しましょう。デートの後は必ず双方とも、事務局までご連絡ください。

心得⑥　個人見合いで意気投合したら、お互いの連絡先も教え合い、3〜6か月、じっくりとお互いのこと、家族のこと、将来の生活設計などを話し合ってください。話がまとまりましたら、めでたくゴールインです。

第8章 シニア婚活は究極の終活

ピースボートで出会った72歳男性と80歳女性

シニアになると、自然な出会いは難しい。パートナーを得たいなら、積極的に婚活情報サービスを利用したほうが早道だ――本書では一貫して、そう述べてきた。だが、なかには70代、80代で自然に出会い、パートナーとして新たな道を進み始める人もいる。これからご紹介する鶴瀬光博さん（75歳）と溝口彰子さん（83歳）も、そんなシニアカップルだ。

2人の話をうかがうため、北軽井沢の別荘を訪れた。森に囲まれた静かなログハウスで私を迎えてくれたお2人は、長年連れ添っている夫婦のようなリラックスした雰囲気で、息もぴったり。光博さんが話している途中でときどき彰子さんが鋭い突っ込みを入れ、光博さんは「まいったなぁ」と頭をかきながら笑っている。

2人が出会ったのは、世界一周クルーズ・ピースボートの船上である。旅の途中で結婚を決め、船を降りてから一緒に暮らし始めた。出会ったとき、光博さんは72歳、彰子さんは80歳だった。

船上は単身シニアの出会いの場

彰子さんが初めてピースボートに乗ったのは2011年、75歳のときだ。それより10年前にピースボートの存在を知った彰子さんは、いつかぜひ乗ってみたいと思い、10年満期の郵便局の簡易保険に加入した。10年無事に過ごせば満期時に300万円が下りるので、その時点で元気だったら乗ってみようと考えたのだ。

ピースボートというと、若者が乗るという印象を持っている人もいるかもしれないが、3ヶ月という期間と費用の点から、実際は定年退職後の年代の乗客がかなり多い。長期間船上で共に生活するため、人となりもよくわかるので、単身のシニアにとっては出会いの場にもなっている。いわば3ヶ月かけた船上の婚活といった側面もあるようだ。無事10年が経過し、念願かなってピースボートに参加することになった彰子さんも、いい出会いがあるかもしれないと、多少の期待があった。

彰子さんは21歳で結婚し、3人の子どもにも恵まれたが、44歳で離婚。離婚当時、末っ子の次女はまだ小学校6年生だったが、慰謝料や養育費はもらわず、仕事をして自立して生きてきた。

子どもたちが独立してからは、1人暮らしを続けていた。仲間や友人が大勢いるし、61歳で軽井沢に移住してカフェを始めたので、自分なりのライフスタイルは確立している。だから今さら結婚は考えていないけれど、パートナーとしてときどき会ったり一緒に旅行したり、お互いの家を行ったり来たりする人がいたら楽しいだろうなと、漠然と思い描いていた。

「でも、船上ではあっちこっちでカップルが誕生するのに、私はまったくモテなかったんです。誰ひとり『お茶を飲みましょう』とも声をかけてくれない。私はもう、相手は見つからないんだと諦めていました」

出会いこそなかったが3ヶ月の船旅はとても楽しかったので、「80歳のときにもう一度だけ乗ろう」と思い、下船して間もなく、数年後の北欧を回るコースに申し込んだ。ところが75歳から80歳までの5年間に、次々と問題が降りかかってきた。まず、骨折して入院。また、トラブルに巻き込まれて軽井沢の住居兼カフェを去らなくてはならなくなり、東京で暮らしている娘の家から近いサービス付高齢者住宅に入居した。

これからは家賃もかかるし、ピースボートどころではないと思い、何度もキャンセルの電話をかけようとした。でもいざ断ろうと思うと、どうしても未練が残る。最終的には持ち前の「なんとかなるさ」精神が頭をもたげ、思い切って2015年、再びピースボートで旅に出た。

指輪紛失をきっかけに突然のプロポーズ

船上ではさまざまなアクティビティが用意されており、彰子さんは社交ダンスのクラスに毎日参加していた。その社交ダンスのクラスの発表会でたまたまペアを組むことになったのが、光博さんだった。

「ときどき麻雀ルームで見かけていた人で、いつも大声で笑っているので明るい人だなとは思っていました。ダンスの発表会が無事にすんでから、麻雀の仲間に入れてもらうようになって。終わると『みんな、飲みにいくぞー』とバーでおごってくれたりして、豪快な面がある人だな、という印象を持ちました」

ある日、彰子さんは指輪を紛失してしまう。船室内やバッグのなか、洋服のポケットなどをくまなく探したが、指輪は見つからない。遺失物係にも届いていなかったが、同室の人やお掃除の人を疑っていると思われるといやなので、指輪をなくしたことは誰にも言わなかった。そして、もし誰かが拾って「得した」と思ったのならそれでいいではないかと、気持ちを切り替えた。

たまたま光博さんと2人で話す機会があり、誰にも言っていなかった指輪を紛失した一件を、なぜだかつい口にしてしまった。すると「誰かが拾って得したと思って大事にしてくれるなら、それでいいじゃないか」という言葉が返ってきた。

「そのとき、あぁ、私と同じような考え方をする人なんだなと思いました。そして、『私が新しい指輪を買ってやるから、一緒になろう』と言って、ワーッと笑ったんです。もちろん冗談だと思って、『何言ってるんですか』と返しましたが」

ところが部屋に戻ってベッドに入ると、その日の会話が頭から離れなくなってしまった。冗談だとしたら、ずいぶん失礼で悪い冗談だ。かといって、嘘が言えるタイプの人でもないし——頭のなかで疑問が渦巻き、目が冴えてしまう。

2、3日は我慢していたが、どうしても気持ちのモヤモヤが晴れず、彰子さんは2人で話す時間をつくってくれるようにと光博さんに頼んだ。

「『この間おっしゃったことは、どこまで本気なんですか？　冗談でしょう？』と聞いたら、『いや、本気です』。だから私、言ったんです。『だって私の歳、知らないでしょう？』って。すると『僕は72ですけど』と言うから、『私は80歳ですよ。８歳も上なんですよ』と返したら、『そんなの関係ないでしょう』と。そんなことを言う男性がいるのかと、びっくりしました。その瞬間、この人とはきっと縁があるんだと思いました」

だが光博さんの自宅は九州にあり、いくらなんでも遠すぎる。彰子さんとしては、ときどき一緒に旅行に行くような関係になれたら、と考えていた。ところが２、３日後、光博さんが「今度は私が眠れなくなった」と言ってきた。

「『あなたの部屋をどういうふうにしようかな、とずっと考えていたので』と。あぁ、この人は一緒に住むつもりなんだと思った瞬間、まっ、いいか。行っちゃおうと思ったんです。そして、この人に何があっても一生面倒をみようと心に決めました」

それから数日後、最後の寄港地であるハワイに上陸するためにショルダーバッグの準備をしようと内ポケットに手を入れたら、なんと、なくなった指輪が出てきた。紛失した際ショルダーバッグのなかは何度も探したけれど、指輪は見つからなかったのに、「この人と生涯を共にしよう」と心を決めたとたんに出てきたので、なにやら不思議なものを感じたと、彰子さんは言う。

熟年離婚から12年後の出会い

それにしても光博さんはなぜ、唐突に「一緒になろう」などと口にしたのだろう。その謎を解くために、光博さんのそれまでの人生を振り返ってみたい。

3歳で父親を亡くした光博さんは、子ども時代、決して経済的に恵まれてはいなかった。東京の大学に進学したが、母親が病に倒れたため帰郷。つてを頼って缶詰工場で働くようになり、持ち前のバイタリティで営業成績をあげていった。

その後、独立してさまざまな事業を起こすが、なかなかうまくいかない。そのころには地元で結婚した妻との間に、3人の娘が生まれていた。

工具を修理再生する仕事を始めると事業はようやく軌道に乗り、やがて地元を代表する中小企業のひとつとして発展していった。

「常に頭のなかは、仕事や資金繰りのことでいっぱいでした。後から考えると、女房は会社を大きくすることより、家族団らんを大事にしたかったのでしょう。でも当時の私には、女房の気持ちを想像する力がなかった。男だったら仕事で成功しなければ、という思いも強かったですしね。

たまには、妻を旅行には連れていってたんですよ。でもそのうち、私が旅館を予約しても、『私は行きませんから』と拒絶するようになりました。台所が古くなったので改築しようと思って『どんなキッチンにする?』と聞いても、『私はそのうち出ていきますから』と。冗談だと思っていました。男はバカだから、女房が出しているサインに気づかないんですね」

ある日、家に帰ったら、荷物とともに奥さんは姿を消していた。光博さんが60歳のときだ。その数日前から、家に段ボール箱がずいぶんたくさんあるなとは思っていたが、まさか妻に出ていかれるなんて想像もしていなかった。奥さんはどうやら娘3人が結婚したら自分は離婚しようと、前々から心に決めていたらしい。いつの間にか三女が住んでいるマンションの別の階に引っ越していた。

離婚後も娘たちとは頻繁に行き来し、誕生日や父の日には、娘たちがやってきて祝ってくれた。また、比較的近くに住んでいる姉が頻繁に来て、掃除や家事をしてくれた。

やがて長女の夫が事業を手伝うようになり、右腕として会社を支えるようになる。そのころから光博さんは、いずれ娘婿に事業を継いでもらい、自分は70歳で仕事から完全に引退して船旅をしようと目標を立てた。

「私が近くにいると、義理の息子はつい私に頼ったり、私を立ててくれたりするでしょう。それでは、譲ったことにならないので。だから物理的にいったん離れるためにも、船に乗るのはいいんじゃないかと思ったんです」

ピースボートは、違うコースに3回乗ると、ほぼ世界を一周できる。光博さんは70歳から80歳までの間に3回乗船する計画を立て、2014年、最初の旅に出た。そして2015年、2回目の旅で出会ったのが彰子さんだった。

「紹介したぞ」という天からの声

光博さんは小さいころから信心深く、毎朝家の前を掃除し、仏壇のお花の水を替えて般若心経をあげ、神棚にも手を合わせるのが習慣だった。その際、必ず声に出して、ご先祖様や神様にお願いをする。

「仏壇にも、普通に話しかけるんですよ。『あんたたち、おかしいと思わんか？ ご飯も炊けない人間が、こんなに一所懸命、7年も8年も1人で生きてるんだ。光博が困っている、かわいそうだという気があるなら、いい人紹介すべきじゃないのかい？』って」

だからといって、決して婚活目的で船に乗ったわけではないと光博さんは言う。

「ただ例の指輪の話を聞いた瞬間、なんとなく、『おい、おまえ。紹介しろ、紹介しろといつも言ってるけど、一応紹介したぞ。あとはおまえ次第だ』という声が聞こえてきた気がしたんです。それで気がついたら、『私が新しい指輪を買ってあげるから、一緒になろう』という言葉が口から出ていた。嘘じゃありません」

母親と彰子さんの雰囲気が似ていたことも大きかったのではないかと光博さんは言う。

「遠慮せずに好きなことをやりなさい」と、いつも広い心で自分を応援してくれた母。彰子さんと接していると、自然にお母さんの面影と重なった。

面白いのは2人とも口を揃えて、好きになったとか恋愛感情を抱いたとか、そういうことではないと語っている点だ。そうではなく、直感的に、「これから、この人と生きていこう」と思ったという。

籍を入れずに暮らすのは別に恥ずかしくない

2人は船上で話し合い、籍は入れずに事実婚にしようと決めていた。先に提案したのは彰子さんのほうだった。

「そのとき、すでに私は80歳です。かつての同級生はもう何人も死んでいますし、とくに男の人に関しては、私より年下の人の訃報を数えきれないほど聞いてきました。私たちも、別れの日がいつ来るかわかりません。お互い不動産を持っているし、子どももいるから、面倒くさいことはやめましょう。そのほうがいざというとき、子どもたちにも迷惑をかけないですむから、と話しました。私たちの世代だと、籍を入れずに一緒に暮らすのは恥ずかしいとか、人様がどう思うかなどと、世間体を気にする人もいるようです。でも、そんな考えに縛られることはないと思います」

光博さんも、この年齢で新たなパートナーを得る場合、法律婚はしないほうがいいという考えに賛成だった。自立した人間どうしとして個人の自由は大切にし、お互いに尊重し合い、助け合って楽しく暮らそうというのが2人の一致した考えだった。

とはいえ気持ちのうえでは、あくまで結婚していることに変わりはない。お互い人前ではごく自然に、「主人が」「家内が」という言葉が出てくる。

経済的にも、対等であることが原則だ。家計費は月初めにそれぞれが同じ金額を共同財布に入れてそれでまかない、管理と家計簿をつけるのは彰子さんの役目とした。お互いの個人的なものはそれぞれが支払い、光熱費などは光博さんの口座から引き落とされる。日常生活では料理と片づけ、洗濯、アイロンかけは彰子さん、掃除は光博さんと分担を決めた。

義理の娘からのお年玉

2人とも、子どもたちに相談することなく船上で結婚を決め、事後報告の形を取っている。子どもたちは、2人の決断をどのように捉えたのだろう。

彰子さんの次女の実穂さん（51歳）は、ピースボートから下船する母親を横浜港まで迎えに行き、その夜、「船内でプロポーズされてOKしちゃった」と母親から聞いた。

「最初に聞いたときはびっくり仰天したけれど、心からおめでとうという気持ちになりました。私は末っ子だし、母が離婚してからも2人で暮らしていた時期が長く、大人になってからもけっこう母子密着していたんです。でも私もパートナーと暮らすようになり、自分の生活も大事にしなくてはいけない。そのため正直、母を1人にしていることに対して少々葛藤もありました。再婚によって母が遠くに行ってしまうのはちょっと寂しかったですが、母にとって心のよりどころができたことで、少しほっとしました」

一方、光博さんの子どもたちはどうだったのか。光博さんはこう話す。

「帰国して娘たちに事後報告したら、『お父さんが決めたんだから、いいんじゃないの？』と。私が一度決めたら変えないことも知っていますから」

現在、彰子さんは義理の娘さんたちとも良好な関係を保っている。すぐ近くに住んでいる三女とは、ときどき、一緒にお墓参りにも行くそうだ。

「一番下の娘さんが、毎年お正月、私にお年玉をくれるんです。最初にもらったときはびっくりしたし、うれしかったですね。私も彼の孫のためにお年玉は用意していましたが、その額よりたくさんいただきました」

うまくやっていくための知恵

結婚というのは、違う環境で生きてきた2人が、ひとつの舟に乗るようなものだ。結婚当初はいろいろ食い違う点があり、舟が揺れるのも仕方がないし、うまく舟を操縦できるようになるまでにはそれなりに時間もかかるだろう。

しかし残り時間が決して長くはないシニア婚の場合、そうそう時間をかけてはいられない。だからこそ、うまくやっていくには知恵も必要だ。光博さんは、そのあたりのコツをこう語る。

「そりゃあ別の人間だし、それまでまったく違う生活をしてきたわけだから、考え方や意見が違うこともある。でも、まずは『おまえの言う通りだ』と肯定するようにしています。『ありがたいね。でも私はこう思うよ』と、いったん相手を肯定してから自分の意見を言う。これは私が営業マンをしていたころに学んだことですが、それが今、生かされています。たぶん最初の結婚の際は、私はワンマンでそれができていなかったのでしょう。

それと夫婦一緒になにかしら社会貢献をすると、夫婦円満のきっかけになる。うちは彼女と出会う数年前に自宅の隣の建物を改装して、地域のシニアの方たちが集まれるスペースをつくりました。カラオケの設備もあるし、麻雀台もある。でもなかなか人が集まらなかったんです。

彼女が来てからは彼女の発案で、講師を呼んでそこでワークショップや読書会なども始めました。いろいろな方に来てもらうことで、この地に縁もゆかりもなかった彼女にも、地元の人間関係ができてきました。地方都市には1人暮らしのシニアが大勢います。うちのスペースが、新たな出会いの場になるかもしれないと、ちょっと期待していますす」

シニア婚に燃えるような恋愛感情は必要ない

新生活を始めたことで日々充実感を味わっている光博さんは、たとえ何歳であろうとも、もし独身なら新しい伴侶を見つけたほうがいいと心から思っている。「もう歳だから」などと怖気づく必要はない。むしろ歳だからこそ、残された人生をいかに有意義に、豊かに、そして楽しいものにするか、積極的に考えるべきだ、という。

「男性と女性が一緒に生活することで、1人のときには味わえなかった生活を得られるし、人間として成長し、発展もできる。若い時分は、人間、どうしても身勝手になりがちですが、さまざまな人生経験を積むことで、相手の立場も考えられるようになるのではないでしょうか。そのうえで、支え合い、助け合って生きていければ、最高じゃないですか。シニアになればなるほど、支え合わなくてはいけない状況は増えていきますし、助け合うことでいろいろなことを乗り越えられます。

だから、せっかく目の前にチャンスがあるなら、まずは思い切って飛び込んでみることが大事だと思います。離婚経験がある場合は、なぜ前の結婚で別れなくてはいけなかったのかを自分なりに考えて、素直に反省する。そしてその反省のもと、相手を尊重し、感謝するという気持ちを持って日々接するようにすれば、うまくいくと思います」

彰子さん曰く、シニア婚に必要なのは、燃えるような恋愛感情ではない。たとえ若いころのような激しい恋愛感情はなかったとしても、相手の人間性に惚れ、信頼と尊敬の心さえ持つことができればやっていける。要は相性の問題なのだ。一緒に生活をしているうちに静かに愛は深まっていくし、それこそが「結婚」の神髄なのではないか、と。

「それにしても、よくぞ見つけてくれたと思いました。男の人は、若くてきれいな女性がいいに決まっているという固定観念がありましたから。8歳も上の、80歳の私を選んでくれたというのは、私の中身を見てくれたのではないかなと感じて、うれしかったですね」

お墓をどうするか

光博さんは、鶴瀬家のお墓は自分の代で終わりにしてもいいと考えている。子どもは3人とも娘だし、市営墓地なので、市に返却することも視野にいれているそうだ。彰子さんと2人の、新しいお墓をつくることも考えていない。

「今まで供養はしっかりしてきましたし、先祖を大切にするのは大事なことだけど、今の時代、お墓にこだわることはないと思います。樹木葬や散骨など、いろいろな形もあります。まあ後のことは、娘たちに任せるつもりです」

2人の様子を見ていて思い出したのは、婚活パーティの場である男性が自己紹介の際に語った「この歳での婚活は、終活でもある気がします」という言葉だった。光博さんも彰子さんも、年齢的には人生の最晩年を歩んでいると言ってもいい。歳を重ねると1人で歩くのは心もとないし、寂しさもある。その先にある死を考えたとき、1人で逝くのは怖いと思うのは自然な感情だろう。もし日々寄り添い、支え合う人がいたら、どれほど心丈夫だろう。

黄昏どき、空にはひときわ鮮やかなオレンジ色の光が広がり、やがて透明で神秘的なブルーモーメントが訪れる。夜のとばりが下りる前の、華やかで、豊かで、美しい時間。そんなかけがえのない瞬間を、手をつなぎ共に眺める伴侶がいたら、きっと心安らかに夜を迎えられるに違いない。

最後に「ああ、いい人生だった。楽しかった」と、笑ってあちら側に行くために。「もう歳だから」ではなく、「もう歳だからこそ」、人は孤独を癒してくれる伴侶を求めるのかもしれない。

青天の霹靂――あとがきに代えて

雲ひとつない、秋晴れの日曜日。長年の友人である実穂さんの結婚パーティが開かれる都内のレストランに向かいながら、私はふと立ち止まって空を眺めた。なんとすがすがしい天気だろう。なんだか幸先がいい気がして、私の足取りは軽くなった。

実穂さんはパートナーと4年一緒に暮らした後、49歳で正式に結婚。最近は晩婚化が進んでいるし、離婚して再婚する人も増えているので、結婚する年齢としてはさほど珍しいケースではない。しかしそのパーティには、びっくりするような趣向が用意されていた。なんと実穂さんカップルだけではなく、実穂さんのお母さまとそのパートナーとの、親子合同結婚お披露目パーティだったのだ。

お母さまの彰子さんはそのとき80歳。お相手の鶴瀬光博さんは73歳。そう、第8章でご紹介したカップルだ。

「ママと合同結婚パーティをすることになったの」

初めてそう実穂さんから聞かされたとき、私は「えぇっっ！　ウソーッ！」と言ったきり、しばらく声が出なかった。正直、どう反応したらいいかわからなかったのだ。80歳で結婚なんて、ありえるのだろうか。一緒に暮らし始めてすぐに、どちらかが病気で倒れでもしたらどうするんだろう。

現実味が感じられない。ひとことで言うと、そんな感覚だった。だから結婚パーティに参加するにあたり、お母さまカップルに関しては、興味半分、戸惑い半分といった気持ちだった。

いよいよパーティが始まり、80名ほどの出席者が2列に向かい合って両手でつくったアーチを、2組の新郎新婦がくぐり始めた。「おめでとう」「ハッピーウェディング」の声。私の前に近づいた光博さんと彰子さんは、その日の空と同じくらい、晴れやかで幸福そうな表情をしていた。大袈裟ではなく、2人からは明るい光のしぶきのようなものが発せられていた。そんな2人の姿を見て、それまで抱えていた戸惑いがすーっと消えていった。

アットホームな雰囲気でパーティが進むなか、光博さんと彰子さんが挨拶をすることになった。そのとき光博さんが言った言葉が今も忘れられない。

「もう何十年も、ずっと一緒にいるような感覚です。どうです、皆さん、うらやましいでしょう」

会場はドッと沸き、盛大な拍手が起きた。

その後、彰子さんが、「私が大好きな歌を、皆さんと一緒に歌いたいと思います」と言い、「ケ・セラ・セラ」の大合唱。「なるようになるさ」という歌詞の内容は、まさに彰子さんの人生のテーマだ。

実穂さんは私にとっては高校時代の同級生の妹で、大人になってから一時ハウスシェアをしていたこともある。そのため私は、何十年間にわたる実穂さんの家族の歴史をほとんど知っている。人生の山や谷を越えてきた母と娘が、今、それぞれ新しい生活をスタートさせようとしている。気がつくと私は、滂沱《ぼうだ》のごとく涙を流していた。一瞬のうちに脳裏に走馬灯のように家族の歴史がよみがえり、感極まったのだ。

そして、こう思った。全力で生きてきた人には、人生の最後近くに、こんな思いがけないご褒美があるのか、と――。ありきたりな言い方だが、生きていれば本当に何が起きるかわからないものだなぁ、とも思った。本書のお話を頂いたとき、ぜひ書きたいと思ったのは、この個人的な体験があったからだ。

彰子さんと光博さんは、1962年にスコットランドに創設されたエコヴィレッジ・フィンドホーンの創設メンバーの1人であるアイリーン・キャディの『心の扉を開く――聖なる日々の言葉』という本に感動し、毎朝、「その日」のページを2人で読むことを日課にしている。なかでも2人がとくに好きなのが、6月19日の言葉「人は老いることがありません」である。

あなたにとって、年齢とは何ですか？　年をとることがこわいでしょうか。（中略）心を若く、新鮮で目覚めた状態にしておけば、年をとるなどということはありません。関心を持つことがたくさんあり、人生を一〇〇パーセント楽しんでいるなら、いったいどうして老いることなどがあるでしょうか。（中略）老齢などという考えはすべて捨ててしまいなさい。それは、みんなが持っている思考にすぎません。それが強くなりすぎて、固いナッツのようになり、殻をこわすのが難しくなってしまったのです。年齢についての思いを、この瞬間から変えてください。

（『心の扉を開く――聖なる日々の言葉』より）

本書のための取材をするなかで、何組もの素敵なシニアカップルにお会いした。充実した毎日を送っているせいか、皆さん表情が明るく、よく笑う。また、シニアになっても新しい生活へと飛び込んでいける柔軟なマインドや、「この人と一緒に生きていきたい」と願う情熱のせいか、驚くほど若々しく、表情がイキイキとしている。人間の精神は、何歳になっても老いることがない。つくづく、そう実感させられた。

一方で、異口同音に、こんなふうに言っていた。「残されている時間は限られているから、一日一日が大切だし、本当にかけがえがない」と。

私自身、人生の後半を迎え、その日あったことを語らいながら夕食を共にできる相手がいたらいいのにと、切実に感じるときもある。今は1人暮らしを快適に感じているが、さらに歳を重ねれば、寂しさは増していくだろう。一方で、人生の後半で伴侶を得るなんて無理に違いないと決めつけ、諦めてもいた。

しかし取材を続けるうちに、自分はなんと凝り固まった考え方をしていたのだろうか、もしかしたら実年齢以前に、精神が老い始めていたのかもしれないと気づかされた。そして、パートナーとともに生きる喜びや幸せを目の当りにし、「私にもこんな明日が来るかもしれない」と、なにやら明るい予感めいたものが脳裏をよぎるようになった。

本書を書くにあたり、快く取材に応じ、きわめてプライベートなことを語ってくださった皆さま、そして示唆に富むお話をしてくださった婚活情報サービスの担い手の皆さまには、この場を借りて心から感謝を伝えたい。また、このテーマでぜひ本をつくりたいという幻冬舎の前田香織さんの情熱と力なくしては、本書が世に出ることはなかった。前田さん自身、近しい人がシニア婚活をへて再婚した経験から、ぜひシニア婚活の実態を多くの人と共有したいと思ったという。

一歩踏み出す勇気が、きっとあなたのこれからの人生を変える——この本に登場した先輩たちが、身をもってそのことを示してくれている。

著者略歴

篠藤ゆり《しのとうゆり》

ライター。福岡県生まれ。
国際基督教大学教養学部で美術史を学び、
卒業後コピーライターとして広告代理店に勤務。
退社後、世界各地を旅する生活をへて、
一九九一年「ガンジーの空」で海燕新人文学賞受賞。
「婦人公論」のグラビアなど女性誌を中心に人物インタビューを多数手がける。
著書に『旅する胃袋』(幻冬舎文庫)、
『食卓の迷宮』『音よ、自由の使者よ。―イムジン河への前奏曲』、
また聞き手として携わった『岡本太郎　岡本敏子が語るはじめての太郎伝記』
(いずれもアートン新社)がある。

幻冬舎新書 562

ルポ シニア婚活

二〇一九年九月二十五日 第一刷発行

著者 篠藤ゆり
発行人 志儀保博
編集人 小木田順子

発行所 株式会社 幻冬舎
〒一五一―〇〇五一 東京都渋谷区千駄ヶ谷四―九―七
電話 〇三―五四一一―六二一一(編集)
〇三―五四一一―六二二二(営業)
振替 〇〇一二〇―八―七六七六四三

ブックデザイン 鈴木成一デザイン室
印刷・製本所 株式会社 光邦

Printed in Japan ISBN978-4-344-98563-6 C0295
し-14-1

幻冬舎ホームページアドレス https://www.gentosha.co.jp/
＊この本に関するご意見・ご感想をメールでお寄せいただく場合は、comment@gentosha.co.jp まで。